Licht in der Stille

– unendlich und geheimnisvoll

Denn als die Götter einst den Menschen schufen,
Da teilten Sie den Tod der Menschheit zu,
Das Leben aber nahmen sie für sich!

Gilgamesch-Epos, ca. 3000 v.Chr.

Und meine Seele spannte
Weit ihre Flügel aus,
Flog durch die stillen Lande,
Als flöge sie nach Haus.

Joseph Freiherr von Eichendorff, Mondnacht

Wulfing von Rohr

Licht in der Stille
– unendlich und geheimnisvoll

Ein Stundenbuch
über den Tod und das Leben

Urania Verlags AG

- Das Lied «Du» von Martin Buber, in: Die Erzählungen der Chassidim, Zürich 1949. Mit freundlicher Abdruckgenehmigung des Manesse Verlags.
- Die Geschichte «Bruder Tod», «Alle Tode», «Stufen», «Seele sei bereit», «Bei der Nachricht vom Tod eines Freundes» und «Bücher» von Hermann Hesse, in: Die Gedichte, Frankfurt a.M. 1970. Mit freundlicher Abdruckgenehmigung des Suhrkamp Verlags.
- Zitate von Liä Dsi, Dschuang Dsi (erläutert und übertragen von Richard Wilhelm) und aus dem «Totenbuch der Tibeter» von Frementle/Trungpa, mit freundlicher Abdruckgenehmigung des Eugen Diederichs Verlags, München.

Für die Abdruckerlaubnis der Zitate aus Büchern des Goldmann Verlags (München), des Swedenborg Verlags (Zürich) sowie der Singh-Meister (siehe Anhang, Literaturhinweise) möchte sich der Autor an dieser Stelle herzlich bedanken.

Hinweis: Um die Lesbarkeit zu erleichtern, wurde im Regelfall die übliche männliche Sprachform gewählt. Der Autor bittet um das Verständnis der Leserinnen.

1. Auflage 1998

ISBN 3-908645-78-6

Fotos Seite 166 und 240: Richard Reschika, Freiburg i.Br.
Cover: Gerd Aumann, unter Verwendung einer Grabskulptur von Auguste Préault, 1858, Kreativ Design, D-65207 Wiesbaden
Satz: GBS, CH-3250 Lyss
Druck: FGB, D-79108 Freiburg i.Br.
Printed in Germany

Inhalt

Dieses Buch möchte Ihr Begleiter sein in guten und in schweren Stunden. Es kann Trauer über den Verlust eines lieben Menschen natürlich nicht einfach auslöschen und durch ungetrübte Lebensfreude ersetzen. Es kann Angst vor Sterben und Tod und dem, was danach kommt, nicht einfach auflösen und durch Erleuchtung ersetzen. Das Buch allein kann Ihnen auch keine Patentrezepte bieten, wie Ihr Leben ab jetzt problemlos, erfüllt und glücklich verläuft.

Es soll statt dessen ein Lese-Buch sein für Stunden, in denen die suchende, ahnende Seele sich verstanden und aufgehoben fühlen darf. Stunden, in denen sie sich öffnen kann für lichtvolle und nachdenkliche Gedanken, für menschliches Mitgefühl und die Kraft der Liebe. Stunden, in denen die Seele auf ihrem Weg der Wandlung durch geistige Wahrheiten innerlicher und wesentlicher wird.

Die Bilder, Texte und Einsichten in diesem Buch stammen aus vielen Kulturen und Quellen. Sie sind so unterschiedlich wie die Menschen. Die menschliche Existenz bringt jedem ganz persönliche Erfahrungen mit dem Sterben und dem Leben, ganz eigene Stufen der Entfaltung des bewußten Seins.

Ich wünsche Ihnen von ganzem Herzen Segen für Ihre Heilung und die Ihrer Lieben. Ich wünsche Ihnen, daß Sie das Wunder des unendlichen Bewußtseins und den Zauber des grenzenlosen Lichtes erfahren, die Ursprung und Ziel des Lebens und der Seele sind.

Wulfing von Rohr, Allerheiligen 1997

Dank

Vielen Menschen, die mir unmittelbar oder auf weniger offensichtliche Weise geholfen haben, die Zeitlichkeit und die besondere Würde des irdischen Seins besser zu verstehen, möchte ich an dieser Stelle danken. Weiter danke ich jenen Menschen, die mir helfen, das Geschenk des Lebens anzunehmen und es zu erfüllen, so gut es geht.

Meinen spirituellen Lehrern Darshan Singh und Rajinder Singh bin ich für ihr Sein und ihre Hilfen dankbar, auch wenn ich sie häufig weder ganz verstehe noch konsequent verwirkliche, was sie vorschlagen. Das wunderbare Buch ihres Meisters Kirpal Singh *Das Mysterium des Todes* war auf meinem Lebensweg die erste glaubwürdige Beschreibung dessen, was der Tod eigentlich ist. Dieses Buch stellt vor allem auch dar, wie wir den Tod überwinden können. Einige Texte von Kirpal Singh aus diesem Buch sind hier enthalten – mit freundlicher Genehmigung seines Enkels. Das Buch sei den Lesern/innen aber als eigene Lektüre besonders ans Herz gelegt.

Uschi – wie schön, daß es dich gibt!

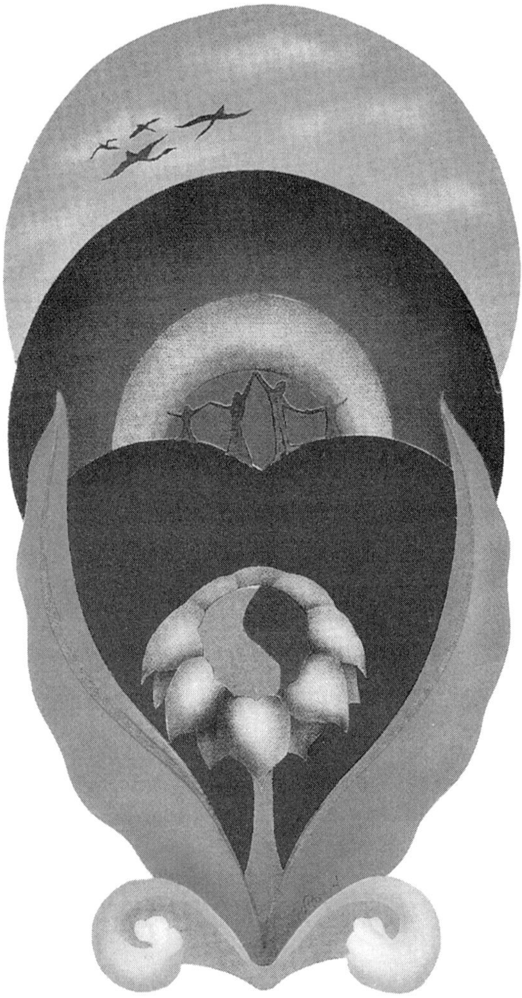

Wulfing von Rohr / Gayan S. Winter, Tarot der Liebe, Karte Nr. 20, «Der Ruf».

1.
Das letzte Tabu? Tod und Leben in unserem Alltag

Der Tod kommt immer zur falschen Jahreszeit.

Big Elk, Häuptling der Omaha

Das große indische Mahabharata-Epos erzählt vom Kampf zwischen den Pandava- und Kaurava-Familien und wie Lord Krishna Arjuna, den Helden der Bhagavad Gita, zur wahren Erkenntnis des menschlichen Seins führt. Im Verlauf dieser Erzählung wird auch von einem verzauberten Teich berichtet. Die Pandava-Brüder sterben fast vor Durst und wollen Wasser aus einem Teich trinken.

Jedes Mal, wenn einer der Brüder, die dort nacheinander hingehen, um Wasser für sich und die anderen zu holen, das kühle Naß genießen will, ertönt die Stimme eines Teichgeistes, der sagt: «Dieser Teich gehört mir. Oh Pandava-Prinz, beantworte erst meine Fragen, und dann trinke – sonst wird das Wasser dich vergiften.»

Nacheinander beachten Nakula, Sahadeva, Arjuna und Bhima die Warnung nicht und trinken das Wasser ohne Erlaubnis – und fallen wie tot um. Schließlich kommt der fünfte Bruder, Prinz Yudishtra, zum Teich, um zu sehen, wo seine Brüder stecken. Er findet sie alle tot am Boden liegen und will erst seinen fürchterlichen Durst stillen, um dann darüber nachzusinnen, was seinen Brüdern zugestoßen sein könnte. Auch er hört die Stimme des Teichgeistes, der ihn auffordert, zunächst seine Fragen zu beantworten – und erst dann zu trinken. Yudishtra ahnt eine Chance, durch richtige Antworten nicht nur sich zu retten, sondern vielleicht sogar seine Brüder wieder zum Leben erwecken zu lassen. Er fordert den Teichgeist also auf, seine Fragen zu stellen.

«Warum scheint die Sonne jeden Tag aufs neue?»

«Weil die Kraft Gottes es so will.»

«Was rettet einen Menschen in Gefahr?»

«Menschlicher Mut.»

«Durch das Studium welcher Wissenschaft wird man weise?»

«Durch gar kein Studium, sondern nur durch die Gemeinschaft mit einem Heiligen oder Weisen.»

«Was ist edler in ihrer Fürsorge als die Erde?»

«Eine Mutter.»

«Was ist höher als der Himmel?»

«Ein Vater.»

«Was ist vergänglicher und schneller als der Wind?»

«Das menschliche Gemüt.»

«Was begleitet einen Menschen in den Tod?»

«Sein Dharma (das Verhalten in bezug auf seine Lebensaufgaben).»

«Was ist Glück?»

«Glück ist die Folge rechten Verhaltens.»

«Wenn ein Mensch was aufgibt, wird er von allen geliebt?»

«Wenn er seinen Stolz aufgibt.»

«Wenn ein Mensch was verliert, ist die Folge Freude und nicht Kummer?»

«Wenn er seinen Zorn verliert, gewinnt er Freude.»

«Wenn ein Mensch was aufgibt, wird er reich?»

«Wenn er seine Wünsche aufgibt, wird er reich.»

«Was macht einen Menschen zum Edlen (Brahmanen): Geburt, rechtes Verhalten oder Wissen?»

«Nur das rechte Verhalten macht einen Menschen zum Edlen. Selbst wenn er alle vier Veden auswendig kennt, ließen ihn schlechte Gewohnheiten und unrechtes Verhalten unedel sein.»

Der Teichgeist stellte noch zahlreiche weitere Fragen, die Yudishtra alle richtig beantwortete. Und schließlich gelang es ihm sogar, seine Brüder vom Gift des verzauberten Wassers zu erlösen und sie wieder zum Leben zu erwecken. Und das geschah, indem er auch die schwierigste Frage des Teichgeistes zu beantworten wußte. Sie lautete:

«Was ist das größte Wunder in der Welt?»

«Das größte Wunder der Welt ist, daß Menschen jeden Tag sehen, daß Geschöpfe in das Reich Yamas (des Totenengels) abreisen, und doch selbst versuchen, ewig zu leben.»

Wir alle sterben. Zuhause oder im Krankenhaus, am Arbeitsplatz oder im Auto, im Krieg oder im Frieden. Wir sterben jung oder alt, arm oder reich, unglücklich oder voller Freude, bewußt oder unbewußt. Wir sterben unter Schmerzmedikamenten oder ohne, plötzlich und unerwartet durch Unfall oder Gewalttat oder langsam durch chronische Krankheiten. Wir sterben – so oder so.

Fertige Antworten, die alles klären, Patentrezepte zum Umgang mit dem Tod, mit dem Sterben, mit Angst und Trauer, Verlustgefühl, Ohnmacht, Verdrängung, Anklagen an Gott und die Welt, fertige Antworten auf all das scheint es leider nicht zu geben.

Und wer weiß schon wirklich etwas über den Tod? Streng genommen können ja auch Nahtoderfahrungen, Sterbeerlebnisse bei Rückführungen, Traumvisionen oder meditative Erkenntnisse noch keine letzte Gewißheit geben. Denn noch ist keiner, der wirklich und endgültig körperlich gestorben ist, zurückgekommen. War Lazarus vielleicht eine der wenigen Ausnahmen? Die meisten von uns kennen jedoch keinen einzigen Menschen persönlich, der wahrhaft gestorben war, dann doch zurückkam und glaubhaft berichten konnte, wie Sterben und Jenseits objektiv sind.

Also müssen wir uns notgedrungen mit subjektiven Annäherungen zufriedengeben. Mit Einsichten und Ansichten, die glaubwürdig klingen, die unsere Seele stärken und erheben. Wir können uns auf Sterben und Tod vorbereiten. Wie?

Vor allem durch unser Leben im Hier und Heute! Wie wir jetzt leben, fühlen, denken, sprechen und handeln, bestimmt wesentlich, wie wir uns morgen und übermorgen fühlen. Was wir in der Vergangenheit erfahren haben, können wir nicht mehr ungeschehen machen. Aber wie wir mit der lebendigen Gegenwart umgehen, haben wir weithin in der eigenen Hand. Und daraus erwächst ja nicht nur unser Leben in der Zukunft, sondern auch die Art und Weise, wie wir uns davon lösen.

«Das Leben hier geht zu Ende, und wir müssen alle irgendwann sterben; das wissen wir. Doch wissen wir auch, was danach kommt? Und wieviel Zeit verbringen wir damit, das herauszubekommen? Was machen wir aus der (einzigartigen) Gelegenheit (unseres Lebens), die wir erhalten haben, um uns selbst zu erkennen? Die meisten sagen, wenn der Tod kommt, werden wir schon sehen, was geschieht. Doch dann haben wir keine Zeit mehr dafür, und wir haben (dann) keine Möglichkeit (mehr), uns diesen Übergang zu erleichtern.» Das schreibt Rajinder Singh in *Kraft der Seele* (s. Anhang; Zusätze in Klammern von mir).

Vergiß auch in der tiefsten Not nie,
daß du geliebt wirst,
von Gott, von den Heiligen,
von den Meistern.

Als ich vor vielen Jahren zwei Kassetten mit Meditationsübungen aufnahm, war darauf auch eine Sterbemeditation. Der Verleger, ein Mann im letzten Viertel seines Berufslebens, der aus schwierigen Umständen nach dem Kriege zusammen mit seiner Frau einen beachteten mittelständischen Verlag aufgebaut hatte, sträubte sich sehr, diese Meditation überhaupt mit in die Übungsfolgen aufzunehmen. Der Vorschlag, es gar «Sterbemeditation» oder «Meditation über den Tod» zu nennen, widerstrebte ihm noch mehr. Bereits die Worte würden Kunden verschrekken, meinte er. Ich glaube noch heute, daß aus seinen Worten eher die eigene Zurückhaltung oder gar Angst sprach, sich mit diesem Thema unmittelbar und ganz persönlich auseinanderzusetzen, als vordergründige kommerzielle Überlegungen.

Als jemand, der 1948 geboren ist, habe ich den Zweiten Weltkrieg nicht miterlebt, also auch das massenhafte Töten und Sterben nicht. Als jemand, der in einem relativ wohlbehüteten und friedlichen Industrieland aufgewachsen ist, habe ich keine Revolutionen oder Terrorherrschaften miterlebt, und auch insofern also keine eigenen Erfahrungen mit einem Sterben, das viele Menschen gleichzeitig betrifft.

Durch meine Arbeit als Fernsehjournalist, erst für die ARD, dann für das ZDF, war ich selbstverständlich im aktuellen Dienst immer wieder auch mit Berichten über Verkehrsunfälle, Erdbeben und Lawinenabgänge befaßt. Aber da war dann doch immer eine gewisse Distanz des Berichterstatters, die verhinderte, daß mir das richtig unter die Haut gehen konnte.

Die ersten Todesfälle, die ich indirekt miterlebt habe, waren der Selbstmord eines Mitschülers und die Folge eines Autounfalls, bei dem unsere beiden Eltern und zwei Geschwister gleichzeitig ums Leben kamen. Der Mitschüler hatte sich zu Hause, nicht in der Schule, selbst getötet – bis heute weiß ich nicht, warum oder wie. Es war den Lehrern damals irgendwie peinlich, eine klare Aussprache über das Thema Tod und Selbsttötung gab es nicht. Über dem Thema Tod, zumal über Selbsttötung, lag in jener Zeit, zumindest in unserem Internat, mit Sicherheit ein großes Tabu.

Bei der ersten Nachricht über den Tod unserer Eltern und der beiden Geschwister, vor allem meiner geliebten jüngeren Schwester Angélique – möge Gott sie alle segnen – empfand ich merkwürdigerweise zunächst ein Gefühl der Befreiung von meinen Eltern (so undankbar und fragwürdig eine solche Bemerkung klingen mag), nicht der Trauer. Ich spürte, daß jetzt ein ganz neuer, anderer Abschnitt des Lebens beginnen würde. Der Tod war damals zwar kein ausdrückliches Tabu, aber doch sehr weit entrückt. Aber solche Gefühle zu haben wie Befreiung statt Bedrückung, das war sicher ein Tabu. Darüber konnte und wollte ich auch jahrzehntelang nicht sprechen, kaum sie mir selbst eingestehen. Alle vier Särge wurden in einer kleinen stillen Zeremonie in einem Grab im heutigen Namibia beigesetzt, wo das Unglück geschehen war. Wirkliche Trauer setzte bei mir erst ein, als die überlebenden Geschwister wieder zu Hause in Deutschland zusammen um den großen, langen Familientisch saßen und das Lieblingsgedicht unseres Vaters, «Es war ein König in Thule...», seinem Wunsch gemäß vorgelesen wurde. Ich war damals siebzehn.

Später erlebte ich den Tod eines verehrten väterlichen Freundes über mehrere Monate hindurch mit, der an einem Lymphknotenkrebs erkrankt war. Versagen der Nierenfunktion, Wasseransammlungen in den Beinen und in der Lunge, und das, nachdem Knoten als Folge der wirksamen Bestrahlungen «verschwunden» waren. Zunächst Nichterkennen der wahren Krankheit bzw. falsche Diagnosen, Suche nach schulmedizinischen und alternativen Behandlungsweisen, von einem

Krankenhaus ins andere, Hoffnung, daß es weitergeht, Pläne für die Zeit danach, kurze Lichtblicke und Aufmunterungen, «falsche» Behandlungen, Hoffen auf Wunder, Schmerzen, Leiden, Angst vor dem Abschied, Bitte um Erlösung, Schrei nach Gnade…

War es sein Schrei um die Gnade der ärztlichen (Sterbe-)Hilfe zum leichteren Übergang oder ein Schrei der Seele, das göttliche Licht endlich in Fülle zu erfahren und darin aufzugehen? Wer will das schon wissen, außer dem, der es am eigenen Leibe erlebt.

Tod im Alltag

Wie gehen wir mit dem Tod im Alltagsleben um? Erschreckt er uns? Ist er uns lästig? Versuchen wir, gute Miene zum bösen Spiel zu machen? Sind wir vorbereitet? Kann man sich denn überhaupt «vorbereiten»?

Meine Tante und ich sind vor einigen Jahren zu einem Bestattungsinstitut in Traunstein gegangen, das sinnigerweise «Bestattungsinstitut Loch» heißt. Wir haben besprochen, was wie geschehen soll, wenn sie (und ich) eines Tages das Zeitliche segnen. Die Stunde, die wir dort verbrachten, war eine der beschwingtesten, die wir beide erlebt haben. Die Angestellte war sehr erstaunt, daß man die Regelung dieser «letzten Dinge» mit Heiterkeit angehen kann, ohne sauertöpfisches, verkniffenes Gesicht und auch ohne Galgenhumor.

Manche Kulturen verbrennen die sterbliche Hülle, stochern dann in den Knochenresten herum – die «Blumen» heißen –, waschen sie mit Milch und übergeben diese Blumen sowie die Asche heiligen Flüssen. So hält man es vielerorts in Indien.

In den jüdischen, islamischen und christlichen Religionen wird der leblose Körper meist in Form einer Erdbestattung der Erde wieder zurückgegeben: *Aus Staub bist du geboren, zu Staub sollst du wieder werden.* Wir vergessen dabei leider oft, daß es auch das dazugehörige Bibelwort gibt, das auf ein Leben nach dem physischen Tode verweist: *Staub zu Staub, Geist zu Geist.*

In der Religion der Parsen wird der Körper weder verbrannt noch beerdigt, sondern auf den sogenannten Türmen des Schweigens den wilden Vögeln als Nahrung dargebracht; das ist heute noch so zum Beispiel in Bombay.

Manche Menschen warten drei Tage bis zur Bestattung. In heißen Ländern ist das im Regelfall nicht angebracht, und man bemüht sich, innerhalb von 24 Stunden den Leichnam zu bestatten oder zu verbrennen.

In einigen Kulturen gibt es den sogenannten Leichenschmaus nach der Beerdigung, und das ist «eine gute Leich'», wenn dabei fröhlich getafelt und unterhalten wird.

In manchen Ländern gilt Schwarz als angemessene Trauerfarbe, und man trug bei uns als Witwer und vor allem als Witwe ein ganzes Jahr lang Trauerschwarz. In anderen Ländern gibt es keine speziellen Trauerfarben, in China ist bekanntlich Weiß die Farbe der Trauer.

Wir haben bei uns inzwischen den Tod und auch all das, was damit äußerlich zusammenhängt, weitgehend abgeschoben bzw. verdrängt. Abgeschoben aus der Familie ins Krankenhaus oder ins Altersheim. Die Hospizbewegung – das ist die persönliche Betreuung von Sterbenden – ist hier Gott sei Dank ein neuer Anfang von Mitmenschlichkeit. Verdrängt, weil wir uns mit dem Thema Tod nicht beschäftigen mögen, noch nicht einmal mit dem Thema Altern. Statt dessen schlägt der Kult der ewigen Jugendlichkeit immer neue Wogen.

Erinnern Sie sich daran, als und wie Ihre Großeltern oder Eltern gestorben sind? Waren Sie dabei? Haben sie vor ihrem Abschied der Familie noch etwas mitgeteilt? Was haben Sie damals gefühlt? Trauer, Not, Beklemmung, Angst?

Haben Sie in den letzten Monaten oder Wochen einen alten Menschen besucht, im Altersheim, bei ihm zu Hause? Haben Sie mit einem Menschen, dessen Lebenserwartung absehbar zu sein scheint, über den Sinn des Lebens, über den Sinn dieses Lebens gesprochen?

Daß Alter und Tod auch etwas mit Weisheit und Einblick in andere Daseinswelten zu tun haben kann, ist uns häufig noch nicht einmal mehr verstandesmäßig bewußt. Geschweige denn vom Gefühl her. Wer von uns hat denn schon einen Sterbenden kurz vor seinem Abschied um letzte Worte der Weisheit gebeten, wie das früher üblich war? In Indien war es Sitte, sich zu den Füßen des Sterbenden zu stellen bzw. zu knien und um eine letzte Einsicht für das Leben jener zu bitten, die weiterhin in dieser Körperwelt lebten.

Der Tod Alexander des Großen

Alexander hatte praktisch die gesamte damals bekannte Welt erobert und selbst das nordwestliche Indien unter seine Herrschaft gebracht. Auf dem Rückmarsch wandte er sich an seine Berater – damals waren das Astrologen – und fragte sie, wann und wie er sterben würde.

«O mächtiger König, unsere Berechnungen zeigen, daß du nicht sterben wirst, bis die Erde zu Eisen und der Himmel zu Gold wird.»

Da dachte Alexander bei sich: «Solche Wunder ereignen sich, wenn überhaupt, nur einmal, zweimal in jedem Zeitalter. Also werde ich noch sehr, sehr lange leben.»

Auf dem Weitermarsch durch die Seistan-Wüste in Afghanistan wurde er von Malariaanfällen gepackt. Seinem ersten General, der neben ihm ritt, sagte er, daß er nicht weiterreiten könne. Dieser erschrak und bat den König inständig, doch noch einige wenige Meilen weiterzureiten, bis der Zug an einer Oase ankäme, wo Bäume Schatten spenden würden.

So ritten sie einige Meilen weiter, aber Alexander setzten seine Anfälle so zu und die glühende Wüstensonne schwächte ihn derart, daß er anhalten und absteigen mußte und sich flach auf den Boden ausstreckte.

Sein General wollte es ihm so bequem wie nur möglich machen, nahm seine eigene Rüstung ab, die innen mit vierzig Lagen Seide gefüttert war, und bettete seinen König darauf. Dann hielt er seinen Schild über das Gesicht Alexanders, um ihn vor der unerbittlichen Sonne zu schützen. Der König schloß seine Augen und fühlte sich schon deutlich wohler.

Als die königlichen Ärzte herankamen, öffnete er die Augen und sah, daß der schattenspendende Schild innen reich mit Goldblättchen belegt war und golden schimmerte. Mit einem Male wurde ihm bewußt: «Was für ein Narr war ich, mich über die

Aussagen der Astrologen zu freuen. Hier liege ich auf Eisen auf der Erde, und über mir ein goldener Schild als Himmel.»

Die Ärzte mußten ihm mitteilen, daß er, der große Welteroberer Alexander, sich jetzt an der Schwelle des Todes befand.

«Aber was ist mit allen meinen Schätzen, was ist mit meiner Mutter, die zu Hause auf mich wartet? Wann werde ich sie wiedersehen? Ich gebe das halbe Königreich, wenn ich sie noch einmal sehen kann. Welche von allen meinen Eroberungen kann ich mitnehmen?»

Die Ärzte suchten ihrem mächtigen König nun so behutsam wie möglich zu erklären, daß er weder die Kraft haben werde, seine Mutter noch einmal zu sehen, noch daß er irgend etwas mitnehmen könne. Alexander brach tief getroffen in Tränen aus. Sollte etwa alles umsonst gewesen sein? Schlagartig wurde ihm klar, daß alle seine Feldzüge, alle Errungenschaften nun nicht mehr auch nur ein winziges Deut zählten.

So ordnete der sterbende König an, daß beim Leichenzug sein Körper nur von einem einfachen, weißen Leintuch bedeckt sein sollte, unter dem die beiden Hände links und rechts offen herausschauten. «Die Menschen sollen sehen, daß auch der große Alexander mit leeren Händen gehen mußte.»

Ein Wandermönch, der beim Leichenzug des Weges kam, sprach den ersten General an: «O Exzellenz, wie bedauerlich, daß euer großer Herrscher sein Leben für nichts wegwarf. Hätte er sich doch beizeiten um die Verbindung zum heiligen Wort bemüht, das ihn mit immerwährendem Glück verbunden und in ein Reich der ewigwährenden Freude geführt hätte, in dem Gedanken an blutige Eroberungen unbekannt sind.»

Kaiser, vor denen stark bewaffnete Könige ohne Zahl schwächlich ihre Köpfe neigten, Kaiser, die großartige Elefanten, stolz, in strahlenden Farben bemalt und mit goldenem Gehänge besaßen, denen Millionen von Pferden gehörten, die schneller als der Wind waren, wenn sie über die Erde flogen – was bedeutete es schon, wie mächtig diese Kaiser waren? Alle gingen am Schluß ohne irgend etwas in den Händen und barfuß.

Guru Gobind Singh

Mit großem Trommelwirbel verkünde ich:
Deine Atemzüge verstreichen ungenutzt;
dieselben Atemzüge könnten dir
ungeahnte Reiche bringen,
wenn du sie nutztest, dich in Gott zu versenken.

Kabir

Strebe nach einer Bereitschaft zu sterben!
Werde sicher und bereit;
wenn dann die Zeit kommt,
wirst du weder Furcht noch Bedauern hegen.

Milarepa

Wie kann man leben und sich im Leben so auf das Sterben vorbereiten, daß der Tod nicht als Feind, sondern als Freund erscheint? Wie kann man sich mit dem Thema Tod beschäftigen, ohne trübsinnig oder morbide zu werden?

Ist die Auseinandersetzung mit dem ja ohnehin unausweichlichen Ende des Erdenlebens nicht vielleicht etwas, das die Lebenskräfte schwächt, Energie abzieht oder blockiert, die besser für die schöpferische und herzliche Gestaltung des Alltags genutzt würden?

Zunächst einmal scheint es für die Mehrzahl von uns Menschen notwendig zu sein, die unmittelbare Angst vor dem Tod zu überwinden. Dazu müssen wir sie zur Kenntnis nehmen und auflösen, bzw. durch sie hindurchgehen. Wir müssen uns von dieser Angst soweit als möglich befreien, die uns ja oft genug regelrecht lähmt und hindert, bewußt und aus der Fülle zu leben.

2.
Angst vor Sterben, Angst vor Tod

Ich bin ein Schatten!
Das bist auch Du!
Ich rechne mit der Zeit!
Und Du?

Inschrift einer alten Sonnenuhr

Der Begriff Angst kommt aus einem vorgermanischen Wortstamm, der «verbunden mit Enge» bedeutet. Im allgemeinen Sprachgebrauch werden die Worte Angst und Furcht oft als Synonym verwendet.

Der Begriff Mensch hängt von der Wortwurzel eng mit dem Begriff Tod und dem Wort Sterblicher zusammen. Der vorkeltische Begriff *dhunios* bezeichnete ursprünglich sowohl «Mensch» wie «Sterblicher», bevor er zur Bildung des Wortes «Tod» führte.

Zu den typischen Ängsten gehören: Prüfungsangst, Versagensangst, Angst vor Verlust von Menschen, Besitz, Arbeit, Kreativität, Schönheit, Ansehen usw., Angst vor Leiden, Angst vor Krankheit, Angst vor Schmerzen, Angst vor Tieren wie Spinnen, Ratten usw., Angst vor Höhe, Angst vor dem Fliegen, Angst vor Wasser, Angst vor bestimmten Menschen, Angst vor Trennung von Menschen, Angst, allein zu sein, Platzangst, Angst vor Alpträumen, Angst vor Depressionen, Angst vor der Wahrheit, Angst vor dem Teufel oder der Hölle, Angst vor eigenen Charaktereigenschaften oder Handlungsweisen, Angst vor dem Leben, Angst vor Gott... – die Liste ließe sich fast beliebig erweitern.

Es gibt dumpfe Ängste und klare, anhaltende und pulsierende, stechende und schneidende; solche, die mit Kopfschmerzen, Bauchschmerzen, Gliederschmerzen, mit Schweißausbrüchen und Magenflattern verbunden sind, und solche, die kaum merklich als Schatten um unser Leben schweben.

Wer Angst vor dem Tod hat,
hat oft wohl auch Angst vor dem Leben.
Wer Angst vor dem Leben hat,
hat oft wohl auch Angst vor dem Tod.

Viele Psychologen neigen heutzutage dazu, als letzte Ursache für alle Ängste die Angst vor dem Tod anzusehen. «Angst vor dem Tod» hat für verschiedene Menschen vielleicht verschiedene Facetten, z.B. «Angst vor dem Sterben» bzw. vor dem Sterbevorgang und dem damit vielleicht verbundenen Schmerz, «Angst vor dem Tod» als dem großen Unbekannten, dem Dunklen, dem Schatten der Seele, dem «schwarzen Loch», oder «Angst vor dem

Nicht(mehr)-Sein» als Auslöschung der Individualität, des bewußten Bewußtseins.

Manche Menschen meinen, daß z.B. «kleinere» Ängste wie Angst vor bestimmten Tieren nichts mit Todesangst zu tun hätten, sondern eine ganz eigene Art von Angst seien. Wenn man genauer hinsieht, stellt sich das als Irrtum heraus. Empfinde ich Ekel vor einer Spinne, oder fürchte ich mich? Wenn ich ein Tier als «ekelerregend» erlebe, so ist genau genommen gar keine Angst vorhanden, sondern ein anders gearteter Widerwille. Wenn ich aber vor einer Ratte Angst habe, so steckt dahinter die Befürchtung, daß sie mich beißen könnte, womöglich vergiften und ich schließlich elendiglich zugrunde ginge, also stürbe.

Wenn ich Angst vor bestimmten Krankheiten habe, wie vor Krebs oder Aids, so verbirgt sich auch dahinter Angst vor dem Tod. Doch selbst, wenn Schmerzen im Vordergrund zu stehen scheinen, kann man weiter differenzieren: Empfinde ich Angst vor den Schmerzen, weil sie so weh tun und ich so unendlich leide, aber sehe ich dem Tod gelassen entgegen? Dann wird mein Leiden zwar möglicherweise nicht weniger schwierig zu tragen sein, die Angst aber wird – wenn ich die Schmerzen, und nicht den Tod als mein Problem erkannt habe – sich auflösen! Angst, die dennoch bleibt, vielleicht dumpf anhaltend oder schneidend aufbrechend, hat dann doch mit Angst vor dem Tod zu tun.

Selbst Angst vor der «Verunstaltung» durch bestimmte Krankheiten oder Operationen ist eine Form von Angst vor dem Tod, Angst vor der Auslöschung bzw. «Unkenntlichmachung» der bisher gewohnten Persönlichkeit und ihrer äußeren Gestalt, ihrer Form und ihres (Ich)Bildes.

Angst vor Verlust von Besitz oder Arbeit ist gleichfalls eine Ausdrucksform von Angst vor dem Tod. Wenn ich keine Arbeit mehr habe, kann ich kein Geld mehr verdienen. Wenn ich kein Geld mehr verdiene, kann ich mich (und evt. meine Familie) nicht mehr ernähren und ich muß zugrunde gehen, d.h. sterben.

Angst vor Verlust von Ansehen oder Schönheit ist genauso gelagert. Wenn ich in den Augen anderer (oder in meinen eigenen) nichts mehr gelte, dann bin ich nicht mehr dieser und jener, sondern ein Versager, ein Nichts; ich «sterbe» dann als jene Persönlichkeit, deren vorübergehende Erscheinungsform ich zum ewigen Gut hochstilisiert habe.

Nicht von ungefähr hat Dr. Edward Bach in der ersten Gruppe seiner Bachblüten-Heilmittel «Angst» behandelt. Angst ist die schlimmste Geißel der Menschheit, die am meisten persönliches und kollektives Unheil, Leiden, Schmerzen, Unterdrückung,

Ausbeutung, Rassismus, Verächtlichmachung und so fort verursacht hat und es noch tut.

Weil einzelne Menschen oder ganze Völkergruppen Angst haben – davor, daß sie zuwenig Nahrung und Besitz, zuwenig Land und Bodenschätze haben –, entstehen Mord und Totschlag, Raubzüge und Kriege.

Mensch, erkenne dich selbst!

Inschrift am Orakeltempel von Delphi

Weil wir Angst davor haben, daß die Wahrheit größer sein könnte, als wir sie im Moment gerade überblicken können, bekämpfen wir andere Glaubensrichtungen und erklären andere Religionen für minderwertig oder falsch. Auch hinter dieser Angst steckt Todesangst! Die Befürchtung nämlich, daß unsere Weltanschauung und damit unser Ich-Bild, unser Ego, in sich zusammenstürzt und «stirbt», wenn sich die eigenen engen Vorstellungen als unpassend erweisen. Angst = Enge!

Ganz anders ausgedrückt ist alle Angst letztlich Angst vor dem Leben, so wie es ist. Sind wir seelisch bereit und persönlich fähig, das Leben so zu akzeptieren, wie es ist, ohne es in unsere kleinen, kleinlichen, engen, angstbedingten und angsterfüllten

Vorstellungen, Normen, Dogmen und Anschauungen hineinpressen zu wollen?

Das wird für uns alle zum wahren Maßstab dafür, ob wir Angst überwinden, und ein – bei allen irdischen Widersprüchen und Herausforderungen – erfülltes, glückliches Leben führen können, ob wir unsere Gefühle wirklich heilen wollen! Denn wenn ich daran festhalte, daß die Welt und das Leben so zu sein haben, wie ich es will, manövriere ich mich zwangsläufig in eine künstliche Enge hinein, die ebenso zwangsläufig zu Angstzuständen aller Art führen muß – bis ich die selbstgewählte Enge wieder aufgebe bzw. verlasse.

Die Lösung für alle Arten von Problemen liegt grundsätzlich darin, daß man die positiven Kräfte entwickelt und stärkt, nicht darin, die negativen zu bekriegen und damit energetisch ständig im Negativen verhaftet zu bleiben. Das heißt natürlich nicht, daß man in einer frömmelnden Weise alles durch eine rosige Brille anschaut und gesundwünscht oder gesundbetet.

Selbstverständlich gehört zur Heilung von Angst bei Krankheiten eine klare Diagnose von Symptomen und Ursachen. Nur gibt es keinen Grund, danach in der Krankheit selbst oder der Angst verhaftet zu bleiben.

In der Fremde

Aus der Heimat hinter den Blitzen rot
Da kommen die Wolken her,
Aber Vater und Mutter sind lange tot,
Es kennt mich dort keiner mehr.

Wie bald, wie bald kommt die stille Zeit,
Da ruhe ich auch, und über mir
Rauschet die schöne Waldeinsamkeit
Und keiner mehr kennt mich auch hier.

Joseph Freiherr von Eichendorff

Kennen Sie die Angst, nicht mehr gekannt zu werden, für immer und ewig ausgelöscht zu sein? Wird es einem dabei ganz eng um's Herz?

Für das gravierendste Menschheitsproblem, die Ur-Angst, liegt die Lösung, die Heilung von Angst, darin, Enge zu überwinden und sich für das große ganze Leben zu öffnen, auch und gerade dann, wenn wir es noch überhaupt nicht als groß und ganz kennengelernt haben! Das klingt nur «kleiner», als es wirklich ist. Und das «funktioniert» auch nur, wenn wir uns als einen Teil eines Ganzen erfahren, in dem aber nach dem alten Gesetz alles enthalten ist. Gewiß, ein Paradox, aber doch unsere Lebenswirklichkeit!

Mystiker aller Epochen und Kulturkreise haben darauf immer wieder hingewiesen, daß der Mensch zwar nicht Gott sei, aber Gott doch in ihm wohne und durch ihn wirke. In diesem Sinne läßt sich Angst also dann heilen, wenn wir uns in unserer zumindest potentiellen Vollkommenheit erfahren.

Anders: Die letzte Angst löst sich, wenn wir «erleuchtet» sind! Ängstliche Naturen haben sogar vor einem solchen wundervollen Begriff, einer solchen wunderbaren Aufforderung Angst, wie sie uns alle Weisen und Heiligen immer zugerufen haben. Aber hinter dem Spruch am Orakeltempel von Delphi, «Mensch, erkenne dich selbst», steht auch nichts anderes als die Herausforderung, daß wir, um unser Mensch-Sein voll erkennen zu können, uns erleuchten lassen müssen.

Zur Heilung von Angst gehört auch, Vertrauen in das Leben zu entwickeln. Vertrauen darin, daß es einen Sinn im Leben gibt, auch wenn er sich uns (noch) nicht (ganz) erschlossen hat. Vertrauen darin, daß es einen Lebensfluß, eine Lebensenergie gibt, die größer als unsere Ichkräfte und unsere persönlichen Hoffnungen und Befürchtungen ist und letztlich ohnehin dafür sorgt, daß alles in die richtige Bahn kommt. Das hat übrigens nichts mit Passivität zu tun oder mit Fatalismus, sondern vielmehr mit einer wachen, klaren, bewußten und vertrauensvollen Lebensführung.

Alle anderen Probleme, Beschwerden und Krankheiten können in gewisser Weise als Unterformen von Angst vor dem Sterben, dem Tode und damit letztlich Angst vor dem Leben erkannt werden. Unsicherheit wäre zum Beispiel Angst, etwas falsch zu machen, oder Angst vor vermeintlicher Unfähigkeit. Mangelhaftes Interesse an der Gegenwart wäre Angst vor der Konkretheit und Begrenztheit, vielleicht auch vor der Oberflächlichkeit des Lebens. Einsamkeit wäre Angst davor, allein gelassen zu sein und allein mit dem Leben fertig werden zu sollen. Überempfindlichkeit für Einflüsse und Ideen könnte unter Umständen eine Angst darstellen, sich auf sich selbst verlassen zu können. Mutlosigkeit und Verzweiflung sind offensichtlich Angst, von den Aufgaben des Lebens überfordert zu werden. Und selbst übertriebene Sorge um das Wohl anderer kann eine Form von Angst sein, nämlich davor, daß der andere nicht so gut wie man selbst in der Lage sei, das Leben zu bewältigen.

Wir können nie tiefer fallen
als in die Hand Gottes.

Weitere Hilfen, um Angst zu überwinden

Angst hat, wie erwähnt, seinem Wortstamm nach mit Enge zu tun. Vermutlich kennen wir alle auch die buchstäblich beklemmende, sogar körperliche Enge im Brustkorb zum Beispiel, wenn uns Angst das «Herz zuschnürt». Zusätzlich zu Bachblüten und Meditationen, Spaziergängen und der Aktivierung von Gesundheitskräften, Heilgedanken, Heilfarben, und so fort, empfehlen sich gerade bei Angst folgende psychosomatische Übungen:

- Wann immer Sie Angst spüren, atmen Sie langsam, ruhig und tief mehrere Male ein und aus, und lassen Sie nach dem Ausatmen eine kleine Pause entstehen, bevor Sie wieder einatmen. Das wird vielleicht nicht alle Angst sofort und hundertprozentig auflösen, es wird Ihnen aber entscheidende Linderung verschaffen können.

- Stehen Sie auf, stellen Sie sich gerade und aufrecht, aber nicht mit übertrieben durchgedrücktem Hohlkreuz hin, drücken Sie die Knie nicht durch, lassen Sie Ihre Schultern locker hängen – eher nach «hinten» als nach vorn! – und schließen Sie Ihre Augen. Stellen Sie sich nun vor, wie Sie sich jetzt am liebsten fühlen würden... Frei? Glücklich? Hell? Fröhlich? Kraftvoll? Gelassen? Friedvoll?... und nehmen Sie dann, bei weiter geschlossenen Augen, die Haltung ein, die Ihrem erwünschten Lebensgefühl am ehestens entspricht.

Öffnen Sie die Augen wieder, und stellen Sie fest, ob Sie jetzt diesem angestrebten Lebensgefühl auch in Ihrer Haltung bei offenen Augen Ausdruck verleihen möchten. (Sie können diese kleine Übung auch im Sitzen durchführen.)

Das sind zwei sehr leichte und doch überaus wirksame, praxiserprobte Hilfen, um Angst zu überwinden. Sie erinnern sich, daß es sinnvoll ist, sowohl von innen wie von außen, sowohl von oben wie von unten, sowohl seelisch-geistig wie körperlich-emotional Heilung zu suchen und Hilfen anzuwenden.

Und schließlich können wir uns gegenseitig immer wieder daran erinnern, Probleme und Ängste Gott vor die Füße zu legen, sie also ihm zu übergeben, loszulassen und auf seine Führung zu vertrauen.

Unsere Flüge durch die Weiten dieser Schöpfung
werden eines Tages zu Ende sein.
Der Mensch, wenn er gänzlich erschöpft ist,
wird schließlich zu Dir zurückkommen, oh Gott.

Darshan Singh

Alfred Rethel, Der Tod als Freund, um 1850.

3.
Wissenschaft und Medizin

Bruder Tod

Auch zu mir kommst du einmal,
Du vergißt mich nicht,
Und zu Ende ist die Qual,
Und die Kette bricht.

Noch erscheinst du fremd und fern,
Lieber Bruder Tod,
Stehest als ein kühler Stern
Über meiner Not.

Aber einmal wirst du nah
Und voll Flammen sein –
Komm, Geliebter, ich bin da,
Nimm mich, ich bin dein.

Hermann Hesse

Wann sind wir «tot»? Wenn die Atmung aufgehört hat, der Brustkorb sich nicht mehr hebt und senkt, der Atem stille steht? Oder wenn das Herz aufgehört hat zu schlagen? Wenn in unseren Adern kein Blut mehr pulsiert? Oder sind wir körperlich tot, wenn das Gehirn nicht mehr durchblutet wird, wenn das Gehirn keine Bewußtseinsaktivität mehr anzeigt – obwohl der Körper mit Maschinen vielleicht noch «am Leben» gehalten wird?

Ist der Herztod, also der anhaltende Herzstillstand für den Tod ausschlaggebend oder der Gehirntod, also wenn im Gehirn keine Bewußtsseinsimpulse mehr registriert werden können?

Und was ist Tod eigentlich? Die unwiderrufliche und vollständige Auslöschung nicht nur der Körperfunktionen, sondern auch der Gefühlsempfindungen, der Gedankentätigkeit, des Bewußtseins?

«Philosophen haben Schwierigkeiten, sich auf eine Definition zu einigen, wenn sie den Tod betrachten. Falls der Tod die Beendigung der eigenen Existenz ist, kann man den Tod nicht überleben. Viele Menschen streiten jedoch ab, daß wir in diesem Sinne sterben, und meinen, daß wir den Abschied vom Körper überleben. Für sie ist der Tod nur das Ende der kontinuierlichen biologischen Funktionen des Körpers.» (Kenneth McLeish, *Key Ideas in Human Thought* [Schlüsselgedanken im menschlichen Denken], CA, USA, 1995)

Müßte die Frage nach dem Tod also genauer heißen: Wann ist der Körper tot? Im nächsten Kapitel gehe ich auf einige wesentliche religiös begründete Ansichten zum Thema Tod, Wiedergeburt, Auferstehung und Weiterleben der Seele ein. Jetzt sollen uns die psychologischen Aspekte des Sterbens und des Todes interessieren.

Wann fängt das Sterben an?

Aus einer Fülle möglicher Antworten wollen wir einige wichtige herausgreifen:

- Sterben beginnt, sobald wir geboren werden.
- Sterben beginnt, wenn eine tödliche Krankheit einsetzt.
- Sterben beginnt, wenn Arzt und/oder Patient von einer tödlichen Krankheit zu wissen beginnen.
- Sterben beginnt, wenn man meint, nichts mehr tun zu können, um den Tod «aufzuhalten».

Täglich sterben Hunderttausende von Zellen. Nach spätestens sieben Jahren sind praktisch alle Moleküle jeder Zelle des gesamten Körpers ausgetauscht. Damit ist der alte Körper im physischen Sinne «gestorben»! Wer sind wir dann also? Immer noch derselbe Mensch? Oder zumindest materiell betrachtet ein anderer, ein «neuer» Mensch?

Wir haben heute völlig andere Gefühle und Gedanken als gestern, als vorgestern, als vor ein, zehn oder vierzig Jahren. Die alten Gefühle und Gedanken sind vergangen, die früheren Erlebnisse sind nur noch mehr oder weniger blasse Erinnerungen. Sind wir demnach auch im emotional-mentalen Sinne möglicherweise schon vielfach, stückchenweise «gestorben»?

Als Kleinkind haben wir die Herzenswärme der Mutter gesucht. Als Jugendlicher haben wir die ersten reizvollen Zärtlichkeiten gesucht. Als junge Erwachsene haben wir die Nähe und Intimität mit einem Partner gesucht. Als Mütter haben wir das Leben in unseren Kindern wieder zu entdecken versucht. Als ältere Menschen haben wir einen neuen Sinn in einem neuen Lebensabschnitt gesucht.

Ist unsere Liebe nicht laufend «gestorben», um sich dann in anderen Formen einen neuen Ausdruck zu suchen?

Sterben ist offensichtlich ein ständiger Vorgang des Werdens, Wachsens, Loslassens, Entwerdens und Wiederauferstehens.

Am besten sozusagen klinisch erforscht sind psychische Entwicklungsstadien bei solchen Menschen, die an einer schweren, lebensbedrohenden Krankheit leiden – an einer sogenannten unheilbaren Krankheit – und die durch diese Information mit dem (vermeintlich oder tatsächlich) unmittelbar bevorstehenden Tod konfrontiert werden.

Fünf Stadien des Sterbens

In ihrer jahrzehntelangen Arbeit mit Sterbenden und ihren Familien ist Elisabeth Kübler-Ross auf fünf psychologische Stufen gestoßen, die für fast alle «unheilbar kranken» Menschen zu gelten scheinen. Man sollte bitte nicht dem Irrtum erliegen, daß diese fünf Stadien bei allen Menschen vor dem Tode auftreten. Sie gelten vielmehr vor allem für solche, die sich in medizinischer Behandlung befinden – meistens im Krankenhaus – und die nicht bewußt auf einem Weg der Meditation und Spiritualität gehen! Diese fünf Stadien bezeichnet Kübler-Ross in ihrem Buch *On Death and Dying* etwa wie folgt.

1. Stadium: Verdrängung (wörtlich «denial», also auch Verleugnung) und Isolierung; nicht wahrhaben wollen, daß das physische Ende in einen akuten Blickwinkel rückt.

2. Stadium: Wut; Ärger über inkompetente Ärzte, Unverständnis darüber, daß es einen selbst «getroffen» hat; Unwillen, eine Diagnose und Konsequenzen daraus zu akzeptieren.

3. Stadium: Tauschgeschäfte machen wollen; der/die Patient/in ist bereit zu sterben, wenn er/sie vorher noch… (zur Hochzeit des Kindes kann, noch einmal ins Theater geht usw.)

4. Stadium: Depression, also Niedergeschlagenheit; Hoffnungslosigkeit nicht nur über die medizinische Situation, sondern auch über den «Unwert» des Lebens angesichts des nahen, sicheres Todes.

5. Stadium: Akzeptanz, echte Annahme der bevorstehenden Wandlung; Wut über das «unverdiente» Schicksal und Trauer über das «vorzeitige» Ende spielen keine Rolle mehr, sondern der/die Patient/in erfährt einen geistigen Trost (zum Beispiel aus der Liebe der Familie oder dem Glauben und heiligen Schriften).

Zur Erinnerung: Diese fünf Stadien wurden bei Menschen festgestellt, die an einer schweren Krankheit litten und deren Prognosen trotz aller medizinischen Mittel und Methoden nur noch den nahen Tod vermuten ließen.

Bei plötzlichen Unglücksfällen, wenn Menschen in ein Koma geraten, und vor allem bei Menschen, die längere Zeit vor ihrem Ableben an einer spirituellen Bewußtseinsentfaltung gearbeitet haben, sind diese Entwicklungsstufen nicht beobachtet worden.

Man hört im Zusammenhang mit Nahtoderlebnissen so viel (und so gern) von wunderschönen Übergängen, leichten Lösungen aus der Welt und dem liebevollen Empfang durch hehre Lichtgestalten in wunderhaften höheren geistigen Sphären. Das entspricht aber leider offensichtlich nicht dem Normalfall. Ich habe mich bei Krankenschwestern und Pflegern erkundigt, die in Stationen Dienst tun, wo viele Patienten sterben. Ihre Berichte sind viel nüchterner und unseligerweise auch weniger lichtvoll.

Demnach leiden zahlreiche Patienten, die den nahen Tod spüren, in den Wochen und Tagen vor dem eigentlichen Sterben unter Schreckensgesichten. Sie scheinen Horrorvisionen zu erleben – im Schlaf, unter Medikamenten, in der Öffnung bestimmter Bewußtseinsschichten für andere Ebenen. Sie schreien und winden sich. Sie spüren unerklärliche Gliederschmerzen. Sie sehen furchterregende Bilder und Fratzengesichter. Sie haben Angst vor dem Sterben, vor dem Tode und davor, was danach zu kommen scheint.

Erst in den ein, zwei Tagen oder sogar nur Stunden vor dem Ableben verschwinden solche Erfahrungen meistens wieder wie von selbst, und die Sterbenden finden etwas Ruhe.

Sind das selbstgeschaffene, durch das bisherige Leben selbst verursachte Eindrücke, mit denen irgendwie gespeichertes Fehlverhalten «abgebüßt» wird? Sind das erste Einblicke in Jenseitsebenen, die eher den sogenannten Höllen zuzurechnen wären? Wer will das wirklich wissen?

Wie sterben die meisten Menschen, die zu Hause sterben? In den Industrieländern ist das ja inzwischen sehr selten geworden. Da die Lebenserwartung gestiegen und die medizinische Versorgung technisch ziemlich umfassend ist, kommt für viele ältere Menschen der Tod im Krankenhaus, nicht zu Hause. Von den Menschen, die bei sich daheim sterben, liegen nicht so zahlreiche Berichte über psychisch oder spirituell qualvolle letzte Wochen und Tage vor. Das heißt nicht, daß sie nicht unter Umständen an körperlichen Schmerzen litten, sondern, daß sie offenbar weniger oft und intensiv von schrekkenerregenden Bildern heimgesucht werden. Diese Aussage muß sich notgedrungen auf jene Menschen beschränken, die Angehörige oder Freunde um sich herum haben. Von denen, die tagelang allein zu Hause liegen und sterben, wissen wir naturgemäß nichts.

Anders ist es bei abrupten Abschieden aus dieser Welt, aufgrund eines Verkehrsunfalls, eines Herzinfarktes oder eines Gehirnschlags. Da spürt der Mensch häufig starke Schmerzen, allerdings nicht allzulang (bitte nicht mißverstehen, auch ein kurzer heftiger Schmerz ist schlimm), und dann wird das Leben, die Seele, das Bewußtsein – wie Sie es eben bezeichnen mögen – sozusagen gewaltsam aus dem Körper gerissen.

So schön wie bei den meisten Nahtoderlebnissen oder in vielen Rückführungen ist das Sterben offensichtlich keineswegs für jedermann/frau. Es hat keinen großen Sinn, sich nur schöne Märchen auszumalen, die man noch dazu nur durch eine rosa Brille betrachtet.

Vielleicht ist es interessant, daß manche spirituelle Lehrer, zum Beispiel Kirpal Singh, vorschlagen, daß bewußtseinsmindernde Medikamente vermieden werden sollten, wenn es irgend möglich ist. Denn sie scheinen die Schmerzen zwar zu lindern und so äußerlich betrachtet den «Übergang» zu erleichtern. Aber sie nehmen – so sagen diese Lehrer – der Seele die Chance, das Überschreiten der Schwelle bewußt zu erfahren und dadurch wichtige Entwicklungsmöglichkeiten für die Seele zu nutzen. Eine Standardformel, wie das zu handhaben sei, gibt es selbstverständlich nicht. Der Wunsch des Sterbenden wird hier die entscheidende Richtschnur sein.

Der Tod von Kabir

Als der vielleicht bedeutendste indische Meister, Heilige und Dichter des ausgehenden Mittelalters, Kabir Sahib, an seinem Lebensende krank wurde, lehnte er alle ärztlichen Behandlungen ab. Seinem Arzt sagte er:

Geh du in dein Haus zurück, Arzt, mein Leiden ist jenseits deiner Künste. Der, der dieses Leid geschaffen hat, wird sich auch um mein Wohlergehen kümmern.

Ein weiteres, sehr bekanntes Wort von ihm lautet:

Der Tod, der anderen Furcht einflößt und ihnen Leid bringt, ist mir ein Vorbote freudvollen Lebens, und ich heiße ihn sehr willkommen.

Kabir galt schon zu Lebzeiten sowohl Hindus wie Muslimen als Heiliger. Als er gestorben war, hob ein großer Streit unter den trauernden Anhängern und Verehrern an, ob er nach hinduistischer Sitte verbrannt oder nach islamischem Brauch beerdigt werden sollte. Schließlich kam man auf die scheinbar salomonische Lösung, den Körper doch einfach in der Mitte zu zerschneiden und jeweils eine Hälfte nach einem Ritus zu bestatten.

Als das Leichentuch aufgedeckt wurde, war keine sterbliche Hülle zu sehen, sondern es befanden sich nur Blüten darunter. Eine Hälfte dieser Blüten wurde nach islamischem, die andere nach hinduistischem Brauch beigesetzt. Die gleiche Geschichte wird übrigens auch über einen berühmten Zeitgenossen Kabirs, Guru Nanak, den ersten Guru der Sikhs, berichtet.

4.
Religion und Mystik

Was bringt der Tod aus der Sicht der Religionen? Gericht und dann Himmel oder Höllen? Die leibliche Auferstehung nach dem jüngsten Gericht und die Vereinigung mit Gott oder die ewige Verdammnis? Den ewigen Kreislauf von Geburt, Werden, Sterben, Tod, Zwischenstufen, Wiedergeburt und so fort, bis alle Wünsche und Fehler getilgt bzw. abgelegt sind und das Bewußtsein im Nirwana aufgeht?

Leibliche Auferstehung im Christentum?

Für die leibliche Auferstehung, wie manche Menschen aus dem christlichen Religionskreis sie für wahr oder wünschenswert halten, gibt es in der Bibel keine greifbaren Anhaltspunkte.

Bereits im Alten Testament finden wir unmißverständlich genau entgegengesetzte Hinweise:

Im Schweiße deines Angesichts sollst du dein Brot essen, bis daß du wieder zu Erde wirst, aus der du genommen bist, denn du bist Erde und sollst zu Erde werden. (1 Ms 3,18-19)

Dieser Körper zerfällt also wieder zu Erde, ohne materiell «aufzuerstehen».

Auch im Neuen Testament heißt es ausdrücklich in Jesu eigenen Worten:

Es sei denn, daß jemand geboren werde aus Wasser und Geist, so kann er nicht in das Reich Gottes kommen. Was vom Fleisch geboren ist, das ist Fleisch; und was vom Geist geboren ist, das ist Geist. (Jh 3,2-7)

Der Evangelist Johannes berichtet:

Wieviele ihn aber aufnahmen, denen gab er Macht, Gottes Kinder zu werden... welche nicht von dem Geblüt noch von dem Willen des Fleisches noch von dem Willen eines Mannes, sondern von Gott geboren sind. Und das Wort ward Fleisch und wohnte unter uns... (Jh 1,12-14)

Paulus führt diese Gedanken noch deutlich weiter aus:

Möchte aber jemand sagen: Wie werden die Toten auferstehen und mit welcherlei Leibe werden sie kommen? Du Narr: Was du säest, wird nicht lebendig, es sterbe denn (zuerst). Und was du säest, ist ja nicht der Leib, der werden soll...

Und es gibt himmlische Körper und irdische Körper... Also (ist es) auch mit der Auferstehung der Toten: es wird gesät verweslich und wird auferstehen unverweslich. Es wird gesät in Unehre (Niedrigkeit) und wird auferstehen in Herrlichkeit. Es wird gesät in Schwachheit (Armseligkeit) und wird auferstehen in Kraft. Es wird gesät ein natürlicher Leib und wird auferstehen ein geistlicher Leib. Hat man einen natürlichen Leib, so hat man auch einen geistlichen

Leib… Das aber sage ich euch, liebe Brüder, daß Fleisch und Blut das Reich Gottes nicht erben können, auch wird das Verwesliche nicht erben das Unverwesliche. (1 Kor 15, 35-38.40-50)

Reinkarnation

Kein Wesen kann zu nichts zerfallen!
Das Ewge regt sich fort in allem,
Am Sein erhalte dich beglückt!
Das Sein ist ewig: denn Gesetze
Bewahren die lebendgen Schätze,
Aus welchen sich das All geschmückt.

Johann Wolfgang von Goethe, Vermächtnis

Der amerikanische Staatsmann, Erfinder und Schriftsteller Benjamin Franklin glaubte an die Reinkarnation. Er ließ in seinen Grabstein folgende Worte meißeln:

Da ich feststelle, daß ich in der Welt existiere, glaube ich, daß ich immer in der einen oder anderen Form existieren werde. Und trotz aller Unbequemlichkeiten, die das menschliche Leben mit sich bringt, lehne ich eine Neuausgabe meiner selbst nicht ab, allerdings in der Hoffnung, daß die Fehler der letzten korrigiert werden können.

Der schottische Philosoph David Hume meinte zu diesem Thema:

Falls die Seele unsterblich ist, muß sie vor unserer Geburt existiert haben. Was unverweslich ist, ist auch nicht erzeugbar. Seelenwanderung ist das einzige Prinzip der Unsterblichkeit, das die Philosophie gutheißen kann.

Goethe hat 1776 in einem Fragment an Frau von Stein geschrieben:

Sagt mir, was das Schicksal für uns bereithält und warum es uns so fest zusammenbindet? Ah! Sie waren in lang vergangener Zeit meine Schwester oder mein Weib.

Der Philosoph Arthur Schopenhauer schreibt in einem Aufsatz über Religion unter anderem:

Jene angeborenen moralischen Merkmale, die wir in einem Menschen finden und in einem anderen nicht, sind nach der Metempsychose (Theorie der Seelenwanderung) *keine Gabe von irgendeiner unbekannten Gottheit, sondern die Früchte der Handlungen des Menschen in einem anderen Leben in einer anderen Welt.*

Für den amerikanischen Naturphilosophen Ralph Waldo Emerson stellte Reinkarnation eine unumstößliche Lebenstatsache dar:

Wir müssen unser Schicksal aus dem ableiten, was äußerlich sichtbar ist. Wir werden vom Instinkt getrieben, machen aber zahllose Erfahrungen, die keine sichtbare Wirkung zeitigen, und wir werden noch durch viele Leben gehen, bevor wir sie (diese Erfahrungen) *uns aneignen oder ablegen.*

Der amerikanische mystische Dichter Walt Whitman schrieb die Zeilen:

Und Du, Leben, bist die Folge vieler Tode. Zweifellos bin ich selbst Zehntausende von Malen schon gestorben.

Der deutsche Dichter Christian Morgenstern ist – ähnlich wie sein Dichterkollege Joachim Ringelnatz – bekannt für seine hintersinnigen, skurrilen und scheinbar paradoxen Gedichte. Weniger bekannt ist, daß er – wie viele seiner gebildeten und künstlerisch tätigen Zeitgenossen – an die Wiedergeburt und dadurch an die mögliche Entwicklung der Seelen auf dem Weg zu Gott glaubte. Eines seiner Gedichte lautet:

Die Fußwaschung

Ich danke dir, du stummer Stein,
Und neige mich zu dir hernieder:
Ich schulde dir mein Pflanzensein.

Ich danke euch, ihr Grund und Flor,
Und bücke mich zu euch hernieder:
Ihr halft zum Tiere mir empor.

Ich danke euch, Stein, Kraut und Tier,
Und beuge mich zu euch hernieder:
Ihr halft mir alle drei zu Mir.

Wir danken dir, du Menschenkind,
Und lassen fromm uns vor dir nieder:
Weil dadurch, daß du bist, wir sind.

Es dankt aus aller Gottheit Ein-
Und aller Gottheit Vielfalt wieder.
Im Dank verschlingt sich alles Sein.

Diese Textbeispiele zeigen, daß der Gedanke der Reinkarnation keineswegs nur ein «östlicher», hinduistischer oder buddhistischer Ansatz wäre, sondern im sogenannten Westen genauso beheimatet ist. Roland Zürrer hat zu diesem Thema ein wunderbares ausführliches gleichnamiges Buch geschrieben, das Sie in jeder Buchhandlung bestellen können.

Was ist Reinkarnation?

Das Wort Reinkarnation stammt aus dem Lateinischen und bedeutet Wiederverkörperung. Als philosophischer Begriff bezeichnet es den – angeblichen oder tatsächlichen – Vorgang der «Seelenwanderung», die man auch *Metempsychose* nennt.

Reinkarnation als Theorie bzw. Philosophie sagt aus, daß im Kern aller Lebewesen eine Seele bzw. ein geistiger Funke oder ein Bewußtsein ist, das ein ewiges Sein hat. Die Existenz der Seele, so sagt es die Reinkarnationslehre, entstammt einem göttlichen Bewußtsein das die Einzelseele aus sich selbst erschaffen und ihr ein eigenständiges Wesen verliehen hat.

Diese zunächst rein geistige Seele, die strahlendes göttliches Bewußtsein ist, wird nach und nach von verschiedenen Hüllen umkleidet. Die Art und Anzahl der Hüllen richtet sich danach, auf welcher der Ebenen sie existiert.

Hängen Karma und Reinkarnation zusammen?

Auf der irdischen Ebene sind alle Lebewesen von einem sichtbaren materiellen Körper umgeben, und zudem von unsichtbaren feinstofflichen, inneren Körpern. Da sich die Seele leider nicht als göttliches Bewußtsein erkennt, sondern sich statt dessen fast gänzlich mit dem Körper und seinen Sinneserfahrungen identifiziert und ein dementsprechendes irdisches Bewußtsein entwickelt hat, unterliegt sie den karmischen Folgen ihrer körperlichen, emotionalen und mentalen Impulse und Handlungen auf dieser Erde.

Das zwingt sie, ungelebte Impulse und Handlungen, die aus dem weltlichen Leben stammen und sich nur in einem irdischen Körper erfüllen lassen, auszugleichen, indem sie jeweils jene Körperform annimmt, die diesen Energien am ehesten entspricht.

Das Karma eines Lebens, welches das Leben zu etwa drei Vierteln bestimmt (der Rest ist der freie Wille), wird sozusagen mit einer Schöpfkelle aus dem großen Vorratslager der Karmas geschöpft, aus allen bislang gespeicherten Ursachen, und in diese Lebensform gegossen. Dabei spielen besonders jene Gemütsneigungen und Tendenzen eine wichtige Rolle, die am Lebensende für den Menschen wichtig waren.

Eine feste Regel, wie lange es vom Todeszeitpunkt an dauert, bis die Seele wieder in einer anderen Form auf die Erde zurückkehrt, gibt es nach den klassischen Reinkarnationslehren übrigens nicht. Das hängt von den Karmas ab, von der Gnade Gottes bzw. von Erleuchteten, die eins mit Gott sind und die Seele begleiten und ihr helfen, und von unserer Verhaftung an die Welt.

Reinkarnation, eine Wiederverkörperung von Seelen in immer wieder neuen Körpern, gibt es, weil die Seelen durch ihr körperliches Wirken Karma schaffen, das nach dem Gesetz von Ursache und Wirkung nur auf der irdischen Ebene ausgeglichen werden kann – und auch muß. Reinkarnation gibt es also nur, weil es Karma gibt! Eine Beendigung dieses «Teufelskreises» ist – so sagt die überwältigende Zahl der vielen Lehren über die Reinkarnation – nur mit Hilfe eines Meister-Heiligen möglich, der über die Karmaebene (das ist die Kausalebene) hinausgelangt ist – selbst wiederum auch nur mit Hilfe seines eigenen Meisters.

Totenbücher

Es gibt eine ganze Reihe sogenannter Totenbücher. Das Tibetanische Totenbuch ist vermutlich das bekannteste, es gibt auch das Ägyptische Totenbuch, das Totenbuch der Mayas und einige andere mehr. Ihnen gemeinsam ist, daß sie versuchen, den Weg der Seele nach dem Abschied vom Körper zu beschreiben und Ratschläge zu geben, wie die Seele in höhere geistige Ebenen gelangen könnte und wie sich die Angehörigen verhalten sollten, um der Seele den Fortschritt im Jenseits zu erleichtern.

Das Totenbuch der Tibeter, wie es auf deutsch heißt, bringt einen von sechs Texten zur Befreiung, nämlich das *Bardo Thödol.* Dieser Begriff wird allgemein mit «Die große Befreiung durch Hören im Bardo» übertragen. Damit ist gemeint, daß der Geist, wenn er im Zwischenreich des Bardos nach seinem Erdentod diese Worte hört (und befolgt), die Befreiung vom Rad der Geburten erlangen kann.

Die anderen fünf Arten der Befreiung sind «Befreiung durch Tragen», «Befreiung durch Sehen», «Befreiung durch Erinnern», «Befreiung durch Schmekken» und «Befreiung durch Berühren». Bereits ein Kontakt, sei er auch von Zweifeln begleitet, mit der Lehre des Bardo Thödol, soll zu einem plötzlichen Schimmer der Erleuchtung führen.

Im Vergleich zu anderen mystischen Lehren des Ostens ist es interessant festzustellen, daß es beim Tibetanischen Totenbuch um ein äußeres Hören von mentalen Lehren geht, während sonst das Hören des rein spirituellen Klangstroms als Weg der Befreiung gepriesen wird. Dieser Klangstrom oder diese nur mit dem geöffneten inneren Ohr der Seele wahrnehmbare Sphärenmusik wird auch Nad, Udgit, Shabd, Naam oder Wort genannt.

Madame Blavatsky spricht in ihrem jetzt gerade neu herausgegebenen Werk *Stimme der Stille* (Adyar Verlag) ausführlich über die erlösende Wirkung des Hörens des geistigen Wortes.

Das Tibetanische Totenbuch führt Beschreibungen von Jenseitsebenen mit verschiedenen Lichtern und Gestalten auf sowie Hauptverse und Gebete. Zwei dieser Gebete, die dem Sterbenden kurz vor, während und kurz nach seinem Tod ans Herz gelegt werden, lauten:

Da die Reise meines Lebens jetzt beendet ist und keine Verwandten mit mir aus dieser Welt hinausgehen, wandere ich einsam im Bardo-Zustand (Zwischenreich)*; mögen die friedlichen und rasenden Buddhas die Macht ihres Erbarmens aussenden und die dichte Dunkelheit meines Unverstands ausräumen.*

Da ich getrennt von den geliebten Freunden einsam wandere und mir die leeren Formen meiner eigenen Vorstellungen erscheinen, mögen die Buddhas die Macht ihres Erbarmens aussenden, damit die Schrecken des Bardo nicht auftreten.

(*Das Totenbuch der Tibeter*)

Am Rande bemerkt: Auch dieses Totenbuch erwähnt also mögliche Schrecken in den Zwischenreichen, in denen sich die Seele nach dem Tode zunächst befindet. Um so wichtiger, bereits während des Lebens zu erlernen, wie man durch diese Ebenen, die auch Astralreiche genannt werden, hindurchgehen kann, ohne in ihre Verlockungen und Bedrohungen verstrickt zu werden.

Allen Totenbüchern ist gemeinsam, daß sie zwar mentale Erörterungen und auch manche Anleitungen zur mentalen Klärung geben, jedoch die Buchlektüre allein selbstverständlich keine praktische Methode zur Befreiung von Karma und zur Lösung aus dem Zyklus der Wiedergeburt darstellen kann. Denn eine echte Loslösung erfolgt nur durch «Neh-Karma», Nicht-Karma. Dazu bedarf es, wie oben kurz erwähnt, der unmittelbaren Anleitung und Hilfe eines selbst vom Karma gelösten «Meisters».

Immerhin beruht das Verdienst der verschiedenen Totenbücher darin, auf die Existenz der Seele und das Vorhandensein innerer Ebenen aufmerksam zu machen und dazu zu ermahnen, daß man sich beizeiten auch mit dem Thema Tod intensiv beschäftigen möge.

Es gibt zahlreiche, recht glaubwürdige Berichte darüber, daß Jesus die Zeit zwischen dem 12. und etwa 30. Lebensjahr teilweise auf ausgedehnten Reisen zur geistigen Schulung in Vorderindien verbracht haben soll.

Dabei soll er auch, sagen manche Schilderungen, längere Zeit in Tibet verbracht haben. Ob er wohl mit dem Tibetanischen Totenbuch in Berührung gekommen ist?

Sicher ist, daß er sich mit dem Thema Tod intensiv befaßt hat. Man denke nur an den Zwiespalt seiner Hoffnung, daß der Kelch, ans Kreuz genagelt zu werden, an ihm vorübergehen möge, und an die gleichzeitige Bereitschaft, Gottes Willen über den eigenen zu stellen. In diesem Zusammenhang ist die Frage berechtigt:

Hatte Jesus von Nazareth «Angst» am Kreuz?

Zwei Evangelien legen das nahe, wenn sie als seine letzten Worte überliefern:

Eloi, Eloi, Lama Sabathani. Mein Gott, mein Gott, warum hast du mich verlassen? (Mt 27,46; Mk 15,34)

Zwei Evangelien schildern ein anderes Christusbewußtsein:

Und Jesus rief laut: Vater, in deine Hände befehle ich meinen Geist! (Lk 23,46) und *Es ist vollbracht!* (Jh 19,30)

Reinkarnation in der Bibel

Und Jesus ging vorüber und sah einen, der blind geboren war. Und seine Jünger fragten ihn und sprachen: Meister, wer hat gesündigt, dieser oder seine Eltern, daß er ist blind geboren? Jesus antwortete: es hat weder dieser gesündigt, noch seine Eltern, sondern es sollen die Werke Gottes offenbar werden an ihm. (Jh 9,1-3)

Jesu Jünger fragen nach den Ursachen dieser Blindheit, die ja eindeutig vor der Geburt liegen müssen, da der Mann blind geboren ist.

Die Antwort Jesu Christi ist nicht eindeutig, sie schließt aber Reinkarnation ausdrücklich auch nicht aus.

Wahrlich, ich sage euch: Unter allen, die vom Weibe geboren sind, ist keiner aufgestanden, der größer sei als Johannes der Täufer... alle Propheten und das Gesetz haben geweissagt bis zur Zeit des Johannes; und so ihr's wollt annehmen: er ist der Elia, der da kommen soll. Wer Ohren hat, der höre!... (Mt 1,11.13-15)

Und seine Jünger fragten ihn und sprachen: Was sagen denn die Schriftgelehrten, zuvor müsse Elia kommen? Jesus antwortete und sprach zu ihnen: Elia soll freilich kommen und alles zurechtbringen. Doch ich sage euch: Elia ist schon gekommen, aber sie haben ihn nicht erkannt, sondern haben mit ihm getan, was sie wollten. So wird auch des Menschen Sohn leiden müssen von ihnen. Da verstanden die Jünger, daß er von Johannes dem Täufer zu ihnen geredet hatte. (Mt 17,10-13)

Dieser Text belegt zumindest die Annahme der Reinkarnation in zumindest diesem Fall in Jesu eigenen Worten. Jesus selbst wurde bisweilen für eine Reinkarnation eines Propheten gehalten:

... Und auf dem Wege fragte er seine Jünger und sprach zu ihnen: wer sagen die Leute, daß ich sei? Sie antworteten: Sie sagen, du seiest Johannes der Täufer; etliche sagen, du seiest Elia; etliche, du seiest der Propheten einer. (Mk 8,27-28)

Tatsache ist nach dem Stand der heutigen Forschung, daß nicht nur viele Juden, sondern auch die meisten frühen Christen wie selbstverständlich an Reinkarnation glaubten. Origenes, ein Gelehrter, ein mutiger Kirchenkämpfer und Glaubensmärtyrer, lebte und starb im dritten nachchristlichen Jahrhundert.

Seine Deutungen der Lehre Christi, welche die Reinkarnation ausdrücklich einschlossen, wurden nach seinem Tode zur Häresie erklärt. Zahlreiche christliche Bischöfe und Schriftgelehrte, aber auch der römische Kaiser Justinian verdammten in zündenden Traktaten den «Irrglauben» an die Reinkarnation. Bereits der Umstand, daß hohe und höchste Kreise es für notwendig befanden, die Reinkarnationslehre offiziell als «unchristlich» zu verurteilen, beweist, welche Verbreitung sie zumindest damals noch im Christentum gehabt hat! Die Gründe, warum von späteren Kirchenlehrern und Herrschern so heftig dagegen gekämpft wurde, lassen sich etwa so schildern:

1. Die Reinkarnationslehre läßt die christliche Erlösung geringer erscheinen.
2. Sie steht im Konflikt zur Wiederauferstehung des leiblichen Körpers (obwohl oben schon gezeigt wurde, daß dies selbst ein Irrglaube ist).
3. Die Reinkarnationslehre scheint eine unnatürliche Spaltung zwischen Körper und Seele zu begründen.
4. Sie beruhe angeblich auf einer reichlich spekulativen Auslegung christlicher Texte.
5. Die (meisten) Menschen erinnern sich nicht an frühere Leben.

Möge sich jeder Christ nach entsprechendem Studium der Bibelverse und vielleicht auch einiger außerchristlicher Schriften eine eigene Meinung zu diesem Thema bilden.

Alle Tode

Alle Tode bin ich schon gestorben,
Alle Tode will ich wieder sterben,
Sterben den hölzernen Tod im Baum,
Sterben den steinernen Tod im Berg,
Irdenen Tod im Sand,
Blätternen Tod im knisternden Sommergras
Und den armen, blutigen Menschentod.

Blume will ich wieder geboren werden,
Baum und Gras will ich wieder geboren werden,
Fisch und Hirsch, Vogel und Schmetterling.
Und aus jeder Gestalt
Wird mich Sehnsucht reißen die Stufen
Zu den letzten Leiden,
Zu den Leiden des Menschen hinan.

O zitternd gespannter Bogen,
Wenn der Sehnsucht rasende Faust
Beide Pole des Lebens
Zueinander zu biegen verlangt!
Oft noch und oftmals wieder
Wirst du mich jagen von Tod zu Geburt
Der Gestaltungen schmerzvolle Bahn,
Der Gestaltungen herrliche Bahn.

Hermann Hesse

Mystiker und Meister

Mystiker aller Religionen – gleich ob sie die Reinkarnation ausdrücklich vertreten oder nicht – sprechen davon, daß mit dem Tode ein «Gericht» verbunden ist, das die Lebensweise des betreffenden Menschen bewertet. Dabei wird die Seele bzw. das nun nicht mehr an einen Erdenkörper gebundene Bewußtsein mit dem früheren irdischen Leben konfrontiert. Je nachdem, wie das Urteil ausfällt, kommt die Seele zur weiteren Läuterung oder zur weiteren Erhebung an unterschiedliche geistige oder jenseitige Orte.

Im mystischen Judentum wird das auf eine besonders anschauliche Weise so geschildert: Die Seele des gerade Verstorbenen wird «drüben» mit allen Ehren empfangen. Dann zeigt man ihr das Leben eines anderen Menschen mit allen schlechten, gleichgültigen und guten Gefühlen, Worten und Taten und bittet die neuangekommene Seele um ihr Urteil. Erst, nachdem sie ihr Urteil abgibt, wird ihr geoffenbart, daß es sich um ihr eigenes vergangenes Erdenleben gehandelt hatte, das sie soeben eingeschätzt hat. Hier spricht also nicht ein fremder Richter, sondern die Seele selbst das Urteil.

Meister – die Pirs im Islam, die Heiligen im Christentum, die Boddhisattvas im Buddhismus, die Sants im Sikhismus, die Sat Gurus im Hinduismus und so fort – weisen daraufhin, daß der Tod nur dann überwunden werden kann, wenn der Mensch während des Lebens lernt, sich als Bewußtsein, Selbst bzw. Seele oder *Atman* von der materiellen Ebene zu lösen, die astrale und die kausale Ebene zu durchqueren und sich schließlich als reiner Geist zu erkennen.

Das Motto – auf einen einfachen Nenner gebracht – lautet etwa: Man lernt im Wasser schwimmen, nicht in der Würste. Oder: Wer am Ende seines Lebens ein guter Klavierspieler sein will, muß bereits während des Lebens üben. Dazu bedarf es eines versierten Klavierlehrers (weil die wenigsten solche Genies wie Mozart sind). Wer den Tod besiegen will, braucht einen Lehrer, der dies bereits selbst kann und auch imstande ist, es anderen beizubringen.

Wenn Du einem vollkommenen Sat Guru (Meister der Wahrheit) *begegnest, der kompetent in seiner Methode ist: ob er lacht, spielt, ißt oder webt – du wirst Erlösung erlangen, wenn du ihm folgst.*

Kirpal Singh

5. Nahtoderfahrungen

Eine Gallup-Umfrage, die bereits 1982 stattfand – also vor der Welle der neuen Veröffentlichungen zu diesem Thema –, ergab, daß 8 Millionen Menschen in den USA berichteten, eigene Nahtoderlebnisse gehabt zu haben. Etwa ein Drittel davon sagte aus, daß die Erfahrungen erhebend, beseligend, ekstatisch oder voller (positiver) Visionen waren.

Eine neuere Umfrage fand Anfang 1997 statt im Auftrag des Nachrichtenmagazins *U.S. News & World Report*. Danach meinen fast 18% aller Amerikaner – das sind immerhin rund 50 Millionen Menschen –, daß sie sich schon einmal am Rande des Todes befanden. Und ein Drittel von ihnen, etwa 15 Millionen, berichten von ungewöhnlichen Erlebnissen.

Ungeachtet dessen, ob solche Erfahrungen echte Jenseitserlebnisse oder «physiologisch-chemisch-elektrisch» naturwissenschaftlich erklärbare Phänomene sind, sind sich doch alle Forscher mit den Menschen, die so etwas erleben, darin einig, daß diese Erfahrungen das Leben verändern.

Wir werden mit zwei unheilbaren Krankheiten geboren:
Mit dem Leben, von dem wir sterben müssen,
Und mit der Hoffnung, daß der Tod nicht das Ende ist.

Andrew Greeley, Priester und Soziologe

Die Amerikaner Arthur Ford mit dem Buch *Bericht vom Leben nach dem Tode* und Raymond A. Moody mit seinen Büchern *Leben nach dem Tod* und *Leben vor dem Leben* sowie der aus Ungarn stammende Schweizer Stefan Jankovich mit seinem Buch *Ich war klinisch tot* und die bereits erwähnte Elisabeth Kübler-Ross mit ihrer Hospizarbeit sind auch bei uns sehr bekannt geworden und wohl die wichtigsten Auslöser für das neue Interesse an Nahtoderlebnissen und die Auseinandersetzung mit dem Tod. Aus den von diesen und anderen Autoren bzw. selbst Betroffenen übermittelten Berichten lassen sich einige typische Merkmale von sogenannten Nahtoderfahrungen formulieren.

Neun typische Nahtoderlebnisse

Raymond Moody hat neun bestimmte Faktoren in seinen Forschungen über Nahtoderlebnisse als Faktoren herausgefunden, die allgemein typisch für solche Erfahrungen zu sein scheinen.

1. Die Menschen berichten über ein summendes oder klingendes Geräusch und das gleichzeitige Gefühl, körperlich tot zu sein.

2. Sie erleben Frieden und Schmerzfreiheit. Während die Menschen klinisch sterben, spüren sie unter Umständen starke Schmerzen, aber sobald sie den Körper verlassen, verschwinden die Schmerzen und sie erleben Frieden.

3. Sie haben eine außerkörperliche Erfahrung. Dabei spüren sie, wie sie sich in die Höhe erheben und über ihrem eigenen Körper schweben, während andere Menschen (im Krankenhaus das medizinische Personal, zu Hause Angehörige) um den Körper herumstehen. Sie schauen herunter und fühlen sich dabei wohl. Sie spüren sich, als ob sie in einem spirituellen Körper seien, der wie ein lebendiges Energiefeld aussieht.

4. Zahlreiche Menschen mit Nahtoderfahrungen sprechen von einem dunklen Tunnel, durch den sie mit hoher Geschwindigkeit fliegen, bis sie die Sphäre eines strahlenden, wohltuenden, goldweißen Lichtes erreichen.

5. Andere Menschen berichten davon, daß sie in die Himmel emporsteigen, und nicht durch einen Tunnel gehen. Sie sehen die Erde und den Welt-

raum aus einer Perspektive, als ob sie Astronauten wären.

6. Entweder am anderen Ende des Tunnels oder in den Himmelssphären sehen die meisten Menschen mit Nahtoderfahrungen Gestalten, die ein inneres Licht ausstrahlen. Oft begegnen sie sogar Verwandten oder Freunden, die schon früher gestorben sind.

7. Unter den Lichtgestalten taucht häufig eine besondere auf, die voller spiritueller Kraft ist; sie wird von manchen als Gott erfahren, von anderen als Christus oder als Engel. Und obwohl manche klinisch Toten über Angstgefühle berichten, haben sie nicht etwa das Gefühl, auf dem Weg in eine «Hölle» zu sein.

8. Die herausragende Lichtgestalt präsentiert ihnen oft einen Lebensrückblick, bei dem sie in kürzester Zeit ihr gesamtes Leben überblicken und richtig einschätzen können. Sie erleben eigene unrechte Handlungen gegenüber anderen noch einmal, was zur tiefen Einsicht führt, daß die Liebe im Leben am wichtigsten ist.

9. Manchmal teilt die Lichtgestalt mit, daß der Betreffende wieder ins Erdenleben zurückkehren muß, weil die Zeit des endgültigen Abschieds

noch nicht gekommen ist. In anderen Fällen haben sie selbst die Wahl, ob sie zurückkehren oder drüben bleiben möchten. In beiden Fällen erfolgt die Rückkehr eher ungern. Jene, die sich «frei» für die Rückkehr entscheiden, tun das im Hinblick auf liebe Menschen, die noch leben.

Die meisten Menschen, die «klinisch tot» waren, berichten über eine überwältigende Liebe, die sie «drüben» erfahren durften. Viele meinen, Gott, Christus oder eine gottähnliche Gestalt zu sehen. Ebenfalls viele Menschen sehen ihren «Lebensfilm», eine Art objektiven Rückblick in Sekundenschnelle, der ihnen zeigt, was gut und was schlecht war. Zahlreiche Menschen berichten über unterschiedliche Jenseitsdimensionen.

Ekstase, das Gefühl, ungeheures Wissen aufzunehmen, manchmal auch die Begegnung mit verstorbenen Familienangehörigen ist vielen Berichten ebenfalls gemeinsam.

Den meisten wird die Mitteilung gemacht, daß sie noch nicht «dran» sind, «drüben» zu bleiben. Manche sehen einen «Tempel der Weisheit», eine «Lichterstadt», einige auch eine «Hölle». Manche Menschen sehen, wie sich Geister unter und zwischen Lebenden bewegen.

Einige erleben Angstgefühle; andere erhalten «vergessenes» Wissen oder Informationen über frühere Leben.

Die Mitteilungen von klinisch Toten, die «zurückkamen», entsprechen übrigens in etwa den Berichten eines Dante in der *Göttlichen Komödie* oder eines Swedenborg in *Himmel, Höllen, Geisterwelten.*

Über Tunnelerlebnisse, die zum Licht führen, berichten auch viele Menschen, welche die Lichtmeditation am dritten Auge ausführen (siehe auch Seite 203ff).

Ich sah den Himmel

Nahtoderlebnisse sind nicht etwa nur eine Angelegenheit des ausklingenden Jahrtausends. Es hat sie immer gegeben, wenn früher auch weniger oder fast gar nicht darüber gesprochen oder gar geschrieben wurde. Die Besorgnis, verlacht zu werden oder als leicht überspannt zu gelten, hielt die meisten Menschen davon ab, sich über solche Themen auszutauschen. Zumal man ja solche innere Erlebnisse anderen auch nicht «beweisen» kann. An dieser Stelle möchte ich keinen aktuellen Bericht eines Nahtoderlebnisses vorstellen, sondern ein Ereignis, das schon über fünfzig Jahre zurückliegt.

Im August 1932 geriet der amerikanische Geologe Arthur Yensen in einen Autounfall und hatte eine Nahtoderfahrung. Er erlebte erste Einblicke in die Existenz im Jenseits nach dem Körperleben. Wenn er darüber später mit anderen sprechen wollte, trug ihm das Unverständnis und sogar Kritik ein, vor allem von den Kirchen her. Nach dem Zweiten Weltkrieg spürte er, daß die Zeit reif sei, seine Erlebnisse einem breiterem Publikum zu schildern und veröffentlichte sie in Buchform, *I Saw Heaven* (Ich sah den Himmel). Darin geht er auch auf Fragen ein, die ihm häufig gestellt wurden.

«Ich fühlte mich so, als ob ich mich vom Körper lösen würde. Da ich glaubte, daß ich mein Körper war, erkannte ich instinktiv, daß ich tot wäre, wenn ich mich von ihm trennen würde. Meine Seele und mein Körper begannen wieder, sich voneinander zu trennen, und das ging so weiter, bis ich in meinem Herzen einen kurzen, scharfen Schmerz fühlte, als ob etwas abgerissen wäre. Dann erhob ich mich ganz langsam nach oben, durch den Oberteil meines Kopfes.

Allmählich verschwomm die irdische Szenerie, und durch sie hindurch erschien eine neue, wunderschöne Welt – so wundervoll, daß man es gar nicht beschreiben kann. Etwa eine halbe Minute lang konnte ich beide Welten gleichzeitig sehen. Das Bild der Erde wurde immer schwächer, und die andere Welt erstrahlte immer heller und heller und noch heller. Als die Erde schließlich verschwunden war, befand ich mich in einer Herrlichkeit, die nur der Himmel sein konnte.

Im Hintergrund sah ich zwei wunderschöne Berge, ähnlich wie der Fujiyama in Japan. Ihre Gipfel waren schneebedeckt, und ihre Hänge wurden von einem Blattgrün überzogen, das von unbeschreiblicher Schönheit war. Die Berge schienen etwa fünfundzwanzig Kilometer entfernt zu sein, und doch konnte ich einzelne Blumen an ihren Hängen blühen sehen. Ich schätzte meine Sicht als bestimmt hundert Mal besser als auf der Erde ein.

Während ich so staunend herumstand, sah ich zwanzig Gestalten hinter den ersten Bäumen, die spielten, sangen und tanzten. Sie hielten sich an den Händen und waren voller übersprühender Freude. Ihr Gesang, ihr Lachen und sogar ihr Rufen war sehr melodiös.

Sobald sie mich sahen, verließen vier von ihnen das Spiel und sprangen zu mir, um mich zu begrüßen. Ich hielt einen von ihnen für 30 Jahre alt, zwei für etwa 20 und einen für 12. Ihre Körper schienen fast ohne Gewicht zu sein, und die Anmut und Schönheit ihrer eleganten Bewegungen waren eine wahre Augenfreude.

Als sich die Himmelsleute um mich versammelten, teilte der älteste, größte und am stärksten aussehende Mann mit angenehmer Stimme mit: Du bist im Land der Toten. Auch wir haben auf der Erde gelebt, wie du, bevor wir hierher kamen.

Mit ungebändigter Lebenslust rief ich: Das ist ja wunderbar! Es ist wunderbar, antworteten sie. Dann erzählten sie mir, daß ich im See so lange herumschwimmen könnte, wie ich wollte, und trotzdem ganz trocken wäre, wenn ich wieder herauskäme. Ein anderer sagte mir: Du kannst soviel rennen, springen, singen und spielen, wie du möchtest, und wirst nie müde.

Dann bemerkte ich, daß die Landschaft langsam immer vertrauter wurde. Mir war so, als ob ich dort schon einmal gewesen wäre. Ich erinnerte mich jetzt sogar daran, was auf der anderen Seite dieser beiden Berge war. Mit einem plötzlichen Freudenausbruch erkannte ich, daß dies meine wahre Heimat war. Unten auf der Erde war ich nur ein Gast gewesen, jemand, der da nicht hineinpaßte, ein heimwehkranker Fremder. Mit einem Seufzer der Erleichterung sagte ich zu mir selbst: Gott sei Dank bin ich zurück. Jetzt werde ich aber hierbleiben.

Der älteste Mann, der wie ein griechischer Gott aussah, erklärte mir vieles: Hier ist alles rein. Die Elemente vermischen sich nicht und brechen nicht in sich zusammen, wie sie es auf der Erde tun. Alles wird durch eine alles-durchdringende Meister-Schwingung am rechten Ort gehalten. Deshalb wird hier auch nichts schmutzig oder alt, deshalb sieht alles so strahlend und neu aus. So konnte ich verstehen, wie der Himmel ewig sein konnte.

Dann merkte ich, daß ich alles und jeden liebte und mich das sehr glücklich machte. Offensichtlich hatte nur das Gute in mir (den Körpertod) überlebt. Ohne das Schlechte, das Disharmonische, war ich glücklicher, als ich es je erlebt hatte.

Meine nächste Frage lautete: Wie erklärst du dieses intensive Glücksgefühl? Deine Gedanken sind Schwingungen, die von der Meister-Schwingung kontrolliert werden. Sie neutralisiert alle negativen Gedanken und läßt dich nur gute Gedanken denken wie Liebe, Freiheit und Glückseligkeit.

Und was wird dann aus den alten Grantlern und Miesepetern? Wenn sie zu schlecht sind, gehen sie auf eine Ebene mit niedrigerer Schwingung, wo ihre Art von Gedanken bestehen kann. Wenn sie hierher kämen, würde die Meister-Schwingung sie auslöschen. Nach dem Tod werden die Menschen von gleichartigen Gruppen angezogen, entsprechend der Frequenz ihrer eigenen Seelenschwingung. Wenn das Ausmaß an Disharmonischem in einer Person gering ist, kann es durch die Meister-Schwingung eliminiert werden, und dann kann das Gute, was übrig bleibt, hier leben.

Wenn ein Mensch zum Beispiel zu 70% gut und zu 30% schlecht war, kann das Schlechte von der Meister-Schwingung ausgelöscht und das restliche Gute im Himmel willkommen geheißen werden. Falls der

Anteil des Schlechten jedoch zu hoch wäre, könnte das nicht geschehen, und die Person würde von einer niedrigeren Ebene angezogen und mit Menschen ihrer Art zusammenleben. Im Jenseits erlebt jeder Mensch die Art von Himmel oder Hölle, die er für sich selbst in seiner Zeit auf der Erde geschaffen hat.

Wenn du einen sehr kleinen Kieselstein in eine Dreschmaschine wirfst, fällt er in den Vorratsbehälter – nicht, weil er gut oder schlecht ist, sondern weil er das richtige Gewicht und die richtige Größe (eben wie ein Korn) hat. So ist es hier auch. Niemand schickt dich irgendwohin. Du wirst durch die hohen oder niedrigen Schwingungen deiner Seele hier oder dort angezogen. Jeder kommt dorthin, wo er hineinpaßt. Hohe Schwingungen zeigen Liebe und spirituelle Entwicklung an, während niedrige Schwingungen auf eine üble Gesinnung und Schlechtes hindeuten.

Als ich fragte, was ein Mensch denn während seiner Lebenszeit auf der Erde tun könnte, damit er es nach dem Tode besser hätte, antwortete er: Alles, was du tun kannst, besteht darin, dich am Ideal der selbstlosen Liebe zu orientieren und dich auf dieses Ziel hin zu entwickeln. Menschen kommen nicht hierher (in den von Yensen beschriebenen «Himmel») aufgrund ihrer guten Taten oder weil sie an dies oder jenes glauben, sondern weil sie hierher passen und hier hingehören. Gute Taten sind die natürliche Folge davon, gut zu sein, und schlechte Taten sind die logische Folge davon, wenn man schlecht ist. So hängen Belohnung oder Bestrafung zusammen. Es kommt aber in Wirklichkeit darauf an, wer du bist!

Während wir noch miteinander redeten, und ich mich an der Ekstase des Himmels erfreute, sagte mein Freund sanft: Du kannst nicht mehr länger hier bleiben. Du mußt zur Erde zurückkehren.

Zurück zur Erde? Oh nein, nicht zurück an diesen grauenvollen Ort! Aber ich verließ dieses schöne Land bereits und glitt langsam in meinen Körper zurück. Ich war mit meinem Bewußtsein noch genug im Himmel, um keine Begrenzungen zu spüren, und gleichzeitig doch schon so sehr wieder im Körper, um schreckliche Gedanken zu haben. Wie ein eigensinniges Kind trat ich um mich und schrie: Laßt mich bleiben! Laßt mich bleiben! Aber alle meine Proteste fruchteten nicht.

Je mehr ich in meinen Körper zurückkam, desto stärker spürte ich ein schmerzhaftes, prickelndes Gefühl ähnlich dem, wenn ein Arm oder Bein eingeschlafen ist und die Durchblutung dann wieder zurückkommt. Ich fühlte mich auch beengt, als ob mein wahres Ich zusammengepreßt werden müßte, um in sein schreckliches Gefängnis zurückzukehren.

Das letzte, was der starke Mann mir drüben sagte, war: Du mußt auf der Erde eine wichtige Arbeit erfüllen, und dazu mußt du zurückgehen und sie erledigen. Es kommt eine Zeit der großen allgemeinen Verwirrung, und die Menschen brauchen deinen festigenden und klärenden Einfluß. Wenn deine Arbeit auf der Erde fertig ist, dann kannst du zurückkommen und hier bleiben.»

(Meine Übersetzung eines Textes, der ohne Copyright über das Internet verbreitet wird, W. v. Rohr)

Nicht alle Nahtoderfahrungen sind angenehm. Das wird bei der verständlichen Euphorie über viele wunderbare Berichte gern vergessen. Die schreckenerregenden Erlebnisse werden selten oder gar nicht mitgeteilt, über die schönen tauscht man sich ja viel lieber aus.

Und manche Menschen haben außerkörperliche Erfahrungen, ohne sich bewußt an irgend etwas zu erinnern – weder positiv noch negativ.

Der Herausgeber eines amerikanischen Naturmagazins, das in Santa Fe verlegt wird, Larry Burke, hatte mit sechzehn Jahren einen schweren Unfall bei einem Motorradrennen. Er weiß, daß er aus seinem Körper herausgegangen war, kann sich aber an überhaupt nichts mehr erinnern – und will es übrigens auch nicht unbedingt.

Ein Freund von uns aus Freiburg hatte ebenfalls einen Verkehrsunfall, bei dem ihm ein Stück Glas genau oben in der Schädeldecke stecken blieb. Für eine relativ lange Zeit – einige Wochen lang! – fühlte er sich «anders», hatte keine innere Verbindung mehr zum Körper und zum Leben, fand das Leben sinnlos und machte Erfahrungen, die völlig neu für ihn waren. Dabei handelte es sich nicht um gute oder schlechte Erlebnisse oder innere Bilder, sondern um das Gefühl, nicht mehr viel mit diesem Leben zu tun zu haben. Das wirkte zunächst stark irritierend auf ihn. Schließlich fand er einen spirituellen Lehrer, der die speziellen Phänomene, die er erfahren hatte, sinnvoll zu erklären wußte und ihm half, mit dem Leben wieder klarzukommen.

Nahtoderfahrung bei einem Selbstmordversuch

In seinem Buch *Death – The Trip of a Lifetime* (Tod: Der Trip eines ganzen Lebens) berichtet der Autor Greg Palmer von einem Japaner namens Syozo Morimoto. Er hatte als alleinerziehender Vater zwei Jungen großgezogen, die ihn dann im Stich ließen. Das Gefühl der Nichtachtung, des Alleingelassenwerdens und des Versagens trieb ihn zu einem Selbstmordversuch. Er schnitt sich die Pulsadern auf, während er in der gefüllten Badewanne lag. Ein unerwarteter Besucher fand ihn rechtzeitig. Sowohl die Ärzte wie er selbst sind der Ansicht, daß der entscheidende

Grund für sein Überleben aber darin bestand, daß seine negative Nahtoderfahrung seinen Überlebenswillen stark genug aktivierte. Hier der Bericht von Syozo Morimoto, in einer von mir übersetzten und bearbeiteten Form.

Als ich in die Wanne sank, hörte ich Töne wie von Metallrohren, die aneinanderkrachen. Ich sah Lichtfunken wie von Blitzen. Ich spürte einen starken Wind und verlor das Bewußtsein. Ich sah meinen Körper, wie er zusammengesunken in der Badewanne im vom Blut roten Wasser lag, und erschauerte vor Kälte. Aber das war keine körperliche Kälte, sondern ein Erschauern über das, was ich getan hatte. Ich bat um Vergebung. Ich flehte aus ganzem Herzen. Das Selbst, mit dem ich all das fühlte, war über dem Wasser, obwohl der Körper unter dem Wasser war. Mein geistiger Körper, von dem aus ich hinunter in die Wanne blickte, flog durch die Luft, getragen von einem enormen Wind, wie bei einem Taifun. Und mit diesem Wind flogen alle möglichen Dinge erst an mir vorbei und dann durch mich hindurch. Anfangs waren es Dinge, die ich nicht erkannte, wie Klumpen, und dann nahmen sie Gestalt an: Vögel, Tiere, Gesichter, Köpfe. Mein geistiger Körper strahlte wie mit Millionen kleiner Lichtpunkte. Immer wenn diese Dinge durch meinen Körper flogen, wurde er für kurze Zeit dunkel, danach strahlte er wieder. Ich hatte große Angst. Und die ganze Zeit wollte ich sagen: Bitte vergib mir. Es ist ein Irrtum. Vergib mir. Schließlich fiel ich in einen tiefen dunklen Schacht, als ob ich in einen Brunnen fallen würde.

Und dann merkte ich, daß ich etwas anhatte, Krankenhauskleidung, und ich wachte im Krankenhaus auf.

Syozo Morimotos Leben änderte sich rein äußerlich nicht sehr. Aber er wußte, daß er nie mehr an Selbstmord denken würde:

Ich hatte die Welt aus einer großen Entfernung gesehen, wie ein Astronaut. Und da sah sie sehr klein aus, und meine Probleme sahen auch sehr klein aus. Gleichzeitig erkannte ich, daß wir nicht aufgrund unserer eigenen Kraft leben und daß Leben und Tod nicht die Entscheidung des Menschen sein sollte. Das ist eine Entscheidung auf einer viel höheren Ebene als auf unserer.

Auch heute habe ich noch ein schwaches Herz. Manchmal hört mein Herz auf zu schlagen. Ich habe nur einen kleinen Teil der Herzschläge, die ich haben sollte. Aber seit dieser Nahtoderfahrung habe ich mehr gearbeitet als der Durchschnitt der Menschen. Ich leiste schwere körperliche Arbeit. Der Grund dafür ist nicht, daß mein Herz stark wäre, im Gegenteil, sondern weil mein Geist stark ist.

Greg Palmer merkt an, daß Nahtoderfahrungen inzwischen auch von Psychologen, Ärzten und Psychiatern dazu benutzt werden, Selbstmordkandidaten die Vergeblichkeit ihres Vorhabens bewußter zu machen. Denn die meisten Menschen, die Selbstmord im Sinn haben, wollen aus Lebensproblemen «aussteigen». Sehr wenige denken an Selbstmord, um körperliche Schmerzen zu beenden, die unerträglich und nicht mehr mit Medikamenten beherrschbar geworden sind. Wenn jemand aber Selbstmord machen will, «damit alles vorbei» ist, was ihn/sie jetzt an psychischen Problemen bedrängt, so weisen die Nahtoderlebnisse darauf hin, daß mit dem Körpertod diese Art von Leiden keineswegs zu Ende ist, sondern weitergeht.

Wenn es ein «Nachleben» gibt – und genau ein solches körperloses Weiterleben teilen ja alle Berichte mit, gleich, ob sie mit schönen oder unschönen Erlebnissen verbunden waren –, ist ein endgültiger «Ausstieg» gar nicht möglich. Also hat der Selbstmord aus diesem Grund keinen «Sinn».

Daß eine Reihe von religiösen, ethischen und karmischen Gründen auch sehr stark gegen Selbstmord spricht, ist vermutlich allgemein geläufig, kann aber hier nicht weiter behandelt werden.

Versuch einer Einordnung

Wenn man eine Einordnung versuchen will, so weisen die Berichte von Nahtoderlebnissen darauf hin, daß die Seelen, die diese Erfahrungen machen durften, an die Schwelle von der physischen Welt zur der sogenannten astralen Dimension gelangt sind. Die Mitteilungen von Sehern, Weisen und Heiligen aller Religionen, die sich in tiefe Meditation versenkt haben, lassen die Nahtoderlebnisse als wunderbare Gnadengeschenke erscheinen, welche die betreffenden Seelen aber noch keineswegs in die höheren geistigen Sphären geführt haben, die ungleich lichtvoller, liebeerfüllter und segensreicher sein sollen.

Das kulturelle, religiöse, familiäre und manchmal auch soziale Umfeld, in dem ein Mensch aufgewachsen ist bzw. jetzt lebt, bestimmt in einem hohen Maße, welche Form die Nahtoderlebnisse annehmen. Ein neuseeländischer Maori macht andere Erfahrungen als ein Maya-Indianer, ein Hindu andere als ein frommer Christ.

Interessant ist, daß bereits kleinere Lichterfahrungen als hohe und höchste himmlische Erscheinungen aufgefaßt werden. Das lesen wir auch aus den Berichten von Menschen, die religiöse Erfahrungen haben oder die meditieren. Selbst Menschen, die durch Drogen andere Bewußtseinszustände bewirken wollen, erzählen manchmal von Himmelserscheinungen.

Wenn man den Mystikern (Mystik bedeutet, selbst nach innen schauen zu können) Glauben schenkt, gibt es jedoch eine Fülle von Lichtebenen, von denen eine schöner als die andere ist.

Die Berichte, wer die Lichtgestalten sind, die zahlreichen klinisch Toten begegnen, weichen stark voneinander ab. Wer von uns wollte – da wir ja vermutlich nicht jeden Tag das Körperbewußtsein willentlich überschreiten und uns in höhere Dimensionen erheben lassen können – schon wissen, wie bestimmte Erzengel, «aufgestiegene Meister», ein Jesus Christus oder gar «Gott» aussehen?

Daß wir unsere Angehorigen und Freunde wiedererkennen würden, scheint naheliegend. Aber selbst in diesem Punkt könnten wir ohne weitergehende Erfahrungen noch nicht sicher sein, ob nicht unter Umständen eine geistige Kraft die Gestalt von uns lieben Menschen annimmt.

Es ist leider keineswegs klar, ob wir einer frommen oder weniger frommen Täuschung erliegen, die vielleicht entsteht, weil sich unsere Sehnsucht nach einer höheren Kraft des Lichtes und der Weisheit verbindet mit Prüfungen, die wir zunächst bestehen müssen, oder gar mit absichtlichen Irreführungen.

Womöglich werden wir geprüft, ob wir uns mit einem «kleinen Licht» schon zufriedengeben, mit kleinen «Geschenken» (wie, sich frei und unbeschwert bewegen zu können, andere Lichtgestalten zu treffen und so fort). Oder eine Kraft, die zwar mächtig, aber nicht die Gotteskraft ist, könnte versuchen, uns in ihren Scheinhimmeln zu behalten. Die Kosmologie von Sant Mat (siehe auch mein Buch *Es steht geschrieben – Ist unser Leben Schicksal oder Zufall?*) macht aufschlußreiche Aussagen zu diesen Punkten.

Der wichtigste Aspekt an Nahtoderfahrungen für Menschen, die solche Erlebnisse selbst (noch) nicht gehabt haben, scheint mir zu sein, daß sie unmittelbar und glaubwürdig das Vorhandensein einer völlig anderen Bewußtseinswirklichkeit anzeigen, die gleichzeitig mit dieser irdischen besteht.

Das hilft, uns mit dem Gedanken anzufreunden, daß es «mehr» im Leben gibt als nur all das, was sichtbar, greifbar und meßbar ist. Und das wiederum scheint für die meisten Menschen eine Voraussetzung dafür zu sein, daß sie sich auf eine Bewußtseinsöffnung überhaupt einlassen – durch Gebet, Übungen, Meditation –, die ein eigenes erstes Erleben des «Jenseits» erlaubt. Wie man persönliche Erfahrungen über höhere und beständigere Bewußtseinsebenen gewinnen kann, wird in den Kapiteln «Ich sterbe täglich» und vor allem in «Die Silberschnur» beschrieben.

Ich bin dankbar

Ich bin dankbar für mein Erdenleben.
Ich bin dankbar für so viele Erfahrungen.
Ich bin dankbar für die Liebe
meiner/s Partner/in.
Ich bin dankbar für meine Kinder.
Ich bin dankbar für meine Freunde.
Ich bin dankbar für meine Kleidung.
Ich bin dankbar für meine Nahrung und
Behausung.
Ich bin dankbar dafür, daß ich lebe..
Ich bin dankbar.

Hieronymus Bosch, Visionen vom Jenseits,
Aufstieg ins Jenseits, um 1500.

6.
Sterbeerlebnisse bei Rückführungen

Wer lebt so voll und ganz in der unmittelbaren Gegenwart, wer könnte, wenn er auf sein bisheriges Leben zurückblickt, mit derselben Gewißheit, unbändigen Lebenslust oder auch Losgelöstheit wie die unvergessene Edith Piaf sagen bzw. singen:

Non, rien de rien.
Non, je ne regrette rien.
Ni le bien… ni le mal… c'est payé, balayé, oublié
Je me foue du passé…
Avec mes souvenirs j'ai allumée les feux,
Mes chagrins, mes plaisirs, je n'ai plus besoin d'eux…
Je repart à zéro!

Nein, überhaupt nichts, nein, ich bedauere gar nichts.
Weder das Gute noch das Schlechte… es ist alles bezahlt, ausgeglichen, vergessen
Die Vergangenheit interessiert mich nicht…
Mit meinen Erinnerungen habe ich Feuer angezündet,
Meine Sorgen, meine Freuden, ich hab' sie nicht mehr nötig…
Ich fange wieder bei Null an!

Fangen wir aber vielleicht nie bei Null an? Das ist die spannende Frage in bezug auf Erfahrungen in Rückführungen. Die meisten LeserInnen werden zwar wissen, was Rückführungen sind. Für die anderen jedoch hier eine kurze Beschreibung. Bei Rückführungen liegt der Klient meistens sehr entspannt, hat die Augen geschlossen und läßt sich auf Vorgaben des Führenden ein, seinen Geist für neue Bewußtseinsebenen und Impulse zu öffnen. Dabei vergißt der Klient mehr oder minder seine Umgebung und seine Alltagsgedanken und entdeckt neue Gefühle und Bilder, die etwas mit seinem jetzigen Leben zu tun haben, obwohl er sich in einer anderen Zeit und Umgebung erlebt. Häufig tauchen jedoch Personen, die ihm in diesem Leben nahestehen, in irgendeiner Gestalt auf. Dabei wird aus der Frau vielleicht die Tochter, aus dem Vater der Bruder und so fort.

Früher erfolgten solche Sitzungen oft unter Hypnose. Inzwischen ist die nicht-hypnotische Rückführung am verbreitetsten. Bei uns besonders bekannt sind die Methoden von Bryan Jameison, die Dr. Jan Erik Sigdell ausgearbeitet und vermittelt hat (siehe auch Buchhinweis im Anhang), und die Methode des Light Institutes Galisteo von Chris Griscom.

Mir geht es hier nicht um die Frage, ob die Erlebnisse wirklich historisch wahre frühere Leben darstellen oder ob es sich eher um Bilder handelt, die wichtige Bewußtseinsinhalte in einer anderen Verkleidung präsentieren. Das mag jeder nach solchen Sitzungen für sich selbst entscheiden. Wichtig ist mir indes, daß behutsame und kompetent geführte (also im wesentlichen ergebnis-offene!) Rückführungen recht häufig helfen können, mit der Angst vor dem Sterben und vor dem Tod besser umzugehen.

Und sie offenbaren meistens auch Einblick in geistige Sphären, die jenseits des Körpertodes existieren. Damit stärken sie das Vertrauen der Seele in ihre eigene Seinsform, die vom Körperkleid unabhängig ist. Das ist für viele Menschen ein erstes Sprungbrett, um sich mit Meditation oder anderen Formen der bewußten Seelenerfahrung auseinanderzusetzen. Einige persönliche Erfahrungen zu diesem Thema möchte ich Ihnen gern vorstellen.

Steh auf, kleiner Bruder

In einer Sitzung spüre und sehe ich, wie ich am Ende eines Lebens – vermutlich als Indianer – tot am Boden liege, draußen in der Natur, auf einer Lichtung in einem Waldstück. Ich habe keine Angst, und es ist auch nicht unbequem. Aber ich kann mich nicht bewegen. Ich weiß auch nicht, wie es weitergehen soll.

Dann sehe ich, wie neben mir mehrere Tiere stehen und mich anschauen. Vier Tiere sind irgendwie besonders: ein

Wolf, ein Bär, ein Büffel und ein Hirsch. Sie stupsen mich dann mit ihren feuchten schwarzen Nasen an und sagen: Steh auf, kleiner Bruder, steh auf.

Daraufhin merke ich, daß ich mich wie mit einem geistigen Körper erheben kann, aus dem toten irdischen Körper heraus, der einfach am Boden liegenbleibt. Es ist, als ob ich aus einem Gipskorsett einfach aufstehe bzw. herausschwebe. Ich bedanke mich bei meinen Tierfreunden und gehe in eine andere Dimension.

Bei diesem ersten Rückführungserlebnis war für mich wichtig, direkt wahrzunehmen, auch auf einer ganz körperlichen Ebene – so paradox das klingt –, daß der Tod, der Abschied vom jetzigen Körper, nicht das Ende ist. Dieser Aspekt vertiefte sich mit späteren Erfahrungen, die ähnlich verliefen.

Ewige Jagdgründe

In einer Sitzung erlebte ich mich als Indianer, der in den Prärien Nordamerikas zu Hause war. Besonders eindringlich war das geradezu körperlich reale Gefühl, daß ich neben einem Büffel ging und ihn am gekräuselten Kopffell kraulte. Dieser Indianer wußte intuitiv, daß seine Welt nicht mehr lange bestehen würde. Als er spürte, daß er sterben würde, setzte er sich an den Waldrand an einen Hügel und blickte noch einmal lange in die Weiten der Natur. Er ging leicht und gern, seine Zeit und seine Aufgaben waren vollendet.

«Drüben» erlebte er wirklich so etwas, das am besten als die «ewigen Jagdgründe» bezeichnet werden kann: ein vollkommenes «Paradies» einer harmonischen Natur.

Lichtstrahl als Sterbehilfe

In einer anderen Rückführung erlebte ich mich als Frau im amerikanischen Bürgerkrieg, die über die Schlachtfelder ging und den Verwundeten half. Kurz vor ihrem Tode lag diese alte Frau auf ihrem schlichten Holzbett und hatte ihre ganze Familie noch einmal um sich versammelt. Sie sprach den Angehörigen Mut und Zuversicht zu, sagte ihnen, sie sollten nicht traurig sein, weil sie jetzt sterben würde. Sie blicke voll freudiger Erwartung dem nächsten Lebensschritt entgegen. In diesem Moment brach ein Licht wie ein Sonnenstrahl ins Zimmer und schien von schräg oben auf die Mitte ihres Brustkorbs. Von dort aus verteilte sich das Licht überall in ihrem Körper und ging dann nach oben aus dem Kopf heraus. Die Frau ging in diesem Licht auf und verließ mit dem Licht ihren Körper über ihren Kopf. Auf der anderen Seite sah sie den alten Medizinmann, der jetzt jünger schien, und beide erlebten, wie sie ineinander aufgingen, sich als eins erfuhren, sich dann wieder voneinander lösten, um sich als zwei individuelle Wesen zu erleben, und dann wiederum miteinander verschmolzen.

Nicht alle Todeserlebnisse in Rückführungen sind spektakulär. Ich habe in diesen Sitzungen kein einziges Mal einen gewaltsamen Tod erlebt, allerdings auch nie einen gewaltsamen Tod eines anderen Menschen verursacht. Es scheint doch viel «dran» zu sein am Wort, daß sich jeder Mensch seinen Himmel oder seine Hölle selbst schafft: durch die eigenen Gedanken, Gefühle, Worte und Taten.

Burgherr

Zwischen dem ausklingenden Mittelalter und der Renaissance erlebe ich mich als Burgherrn. In seinem Alter kann er sich immer schlechter bewegen, vor allem der Rücken macht Mühe. Sein Ende ist ganz und gar undramatisch und von keinen äußeren oder inneren Offenbarungen begleitet. Er liegt einfach still im Bett, spürt, daß er aufhört zu atmen, und geht dann in eine andere Welt, ohne sie (in der Rückführungssitzung) *bewußt wahrzunehmen.*

Einsiedler

Die Blütezeit des römischen Reiches. Ich bin ein Einsiedler, irgendwo in Nordafrika oder Kleinasien, in einer kargen, felsigen Gegend. Ich lebe spartanisch, schaue in die Weiten der äußeren Landschaft und versenke mich in das Panorama innerer Bilder. In der Ferne sehe ich eine Armee heranmarschieren, mit klappernden Pferdekarren und klirrenden

Metallrüstungen. Sie senden kleine Trupps aus, um das Umfeld zu erkunden.

Ich denke, daß sie wohl auf mich stoßen, mich für einen Feind halten und töten werden. Ich bin alt und habe nichts dagegen, abzutreten. Innerlich bereite ich mich darauf vor, daß mich ein Speer in die Brust treffen wird.

Dann erkenne ich eine andere Möglichkeit. Ich kann mich versenken und bewußt und willentlich den Körper verlassen. Ich sehe, daß die Armee weiterzieht und kein Trupp zu meiner Höhle an einem Hang zwischen lauter Geröll stößt. Ich gehe trotzdem aus dem Körper heraus.

Mir haben diese Erfahrungen übrigens sehr geholfen, meine Angst vor dem Sterben bei Turbulenzen im Flugzeug abzulegen. Ich hatte früher selbst einmal einen Pilotenschein gemacht, der zum Fliegen mit kleinen einmotorigen Maschinen berechtigte. Als ich dann aufhörte – aus Geld- und Zeitgründen, aber auch, weil ich mir diese ständige wache Leistungsbereitschaft nicht mehr zutraute –, bekam ich Angst in großen Jets. Merkwürdigerweise nicht während der objektiv eher gefährlichen Phasen des Startens und Landens, sondern wenn der Flieger hoch über den Wolken in turbulente Winde geriet und etwas zu wackeln anfing.

Dann bekam ich ein Drücken in der Magengrube, meine Hände wurden schwitzig, und um mich etwas zu beruhigen, fing ich dann an, bewußt gleichmäßig und tiefer zu atmen. Nach den oben geschilderten

Erlebnissen in den Rückführungssitzungen haben solche Zustände fast völlig aufgehört.

Zwischenwelten

Sowohl die bislang veröffentlichten Nahtoderfahrungen wie Todeserlebnisse bei Rückführungen, die publik geworden sind, zeigen, daß es unterschiedliche Jenseitsebenen gibt. Nicht immer erlebt man entweder eine Himmelsvision oder einen Horrortrip, sondern öfters auch weniger klar definierbare Zwischenwelten.

In diesem Zusammenhang sind Aussagen von Swedenborg von Interesse, der aufgrund seiner eigenen, durch die Jahre fast täglich wiederholten Innenschau mit voller Überzeugungskraft mitteilt, daß es zwischen dem irdischen Leben und dem Jenseits in guten Seelenzuständen («Himmel») oder schlechten («Höllen») einen Bereich gibt, den er die «Geisterwelt» nennt:

Die Geisterwelt ist weder der Himmel noch die Hölle, vielmehr ein Mittelort oder besser: Zwischenzustand zwischen beiden… Der Zustand des Himmels beim Menschen ist die Verbindung des Guten und Wahren, der Zustand der Hölle dagegen die Verbindung des Bösen und Falschen in ihm. Diese Verbindungen aber vollziehen sich in der Geisterwelt, weil sich der Mensch dann in einem Zwischenzustand befindet.

In der Geisterwelt befinden sich ungeheuer viele Geister, weil dort für alle der erste Sammelplatz ist, alle dort geprüft und vorbereitet werden. Die Zeit des Aufenthaltes ist nicht festgesetzt… einige verweilen nur etliche Wochen, andere viele Jahre, jedoch nicht über 30. Die Unterschiede der Aufenthaltsdauer ergeben sich aus der Entsprechung oder Nichtentsprechung des Inneren und Äußeren beim Menschen.

…

Wenn der Körper seine Funktionen in der natürlichen Welt nicht länger erfüllen kann, dann sagt man, der Mensch sterbe… Dennoch stirbt der Mensch nicht, sondern wird nur von dem Körperlichen getrennt, das ihm in der Welt gedient hat. Der Mensch selbst lebt, da (er) ja der Geist ist. Hieraus geht hervor, daß der Mensch im Tode nur von der einen Welt in die andere hinübergeht.

Alle, die in der Welt an keinerlei Fortleben der Seele nach dem Tode des Körpers geglaubt hatten, sind sehr beschämt, sobald sie merken, daß sie dennoch leben. Die Geistgestalt des Menschen ist die menschliche… Der Mensch ist Mensch durch seinen Geist und nicht durch seinen Körper, und die körperliche Gestalt wird dem Geist gemäß dessen Gestalt beigefügt, und nicht umgekehrt.

Man sollte wissen, daß die menschliche Gestalt eines Geistes nach dem Tode um so schöner ist, je innerlicher der betreffende Mensch die göttlichen Wahrheiten geliebt und danach gelebt hatte. (Er sprach mit den Engeln)

William Blake, Die über dem Körper schwebende Seele, Anfang des 19. Jahrhunderts.

7. Kontakte mit dem Jenseits

Wer wollte nicht gern wissen, ob es ein Jenseits gibt? Wer wollte nicht gern schon heute Kontakt mit dem Jenseits aufnehmen, um mehr darüber zu erfahren? Die meisten von uns wollen sich dies aber nicht auf dem eher langwierigen, übungsreichen Weg der Meditation erarbeiten, sondern am liebsten sozusagen mit einem Spezialfernrohr hineinschauen oder sich die «neuesten Nachrichten von Drüben» von Medien, Channelern, Tonbandstimmenforschern, Séanceveranstaltern oder anderen vermeintlich kenntnisreicheren oder mit Verbindungen ins Jenseits gesegneten/geschlagenen Mitmenschen sagen lassen. Ob das, was man dabei erfährt, ein echter Jenseitskontakt ist oder aus der Ebene des feinstofflichen Gemüts kommt, die durchaus an die Erde gebunden und noch nicht einmal in der Astralebene beheimatet ist?

Ich meine, daß der überwiegende Teil dessen, was als Mitteilungen aus der geistigen Welt ausgegeben wird, in Wahrheit der eigenen Eingebung entspringt (von Betrügereien sowieso ganz zu schweigen). Dennoch übt die Beschäftigung mit verschiedenen Methoden, Verbindung mit dem «Drüben» aufzunehmen, verständlicherweise einen besonderen Reiz aus.

Deshalb sollen hier wenigstens einige Hinweise zu diesem Aspekt von Leben, Tod und Weiterleben erfolgen.

Mystiker

Mystiker haben, nach ihren eigenen Aussagen zu urteilen, Kontakt mit dem Jenseits. Sie warnen davor, erste vielleicht ganz interessante Schattenspiele schon für höhere und höchste Ebenen zu halten. Sie halten sich nicht mit den Seelen Verstorbener auf, die noch nicht sehr weit aufgestiegen sind, sie beschäftigen sich nicht mit Astralgeistern und dergleichen mehr.

Sie raten dazu, eine kompetente «Reiseführung» durch die Jenseitsebenen zu suchen, um auf dem direktesten und schnellsten Weg in die Heimat der Seele zu gelangen, zu Gott.

Spiritualisten

Spiritisten und Spiritualisten haben ebenfalls, wie sie sagen, Kontakt mit «drüben». Sie suchen für ihre Klienten oft den Kontakt zu Verwandten und Freunden, die verstorben sind und von denen sich die Hinterbliebenen nun Trost, Anleitung für den Alltag oder auch Aufschluß über das Jenseits erhoffen.

Coral Polge ist ein bekanntes englisches Medium; sie malt bzw. zeichnet «Jenseitige», die sich, wie es heißt, «melden», wenn ein/e KlientIn zu ihr kommt und um Hilfen von drüben bittet. Gaye Muir ist eine weitere Engländerin, die in den deutschsprachigen Ländern gleichfalls als Kontaktmedium zum Jenseits recht bekannt geworden ist. Die Schweizerin Silvia Wallimann hat ebenfalls – zumindest früher – auf diese Weise gearbeitet.

Verblüffend oft erfolgen Hinweise, welche die Existenz dieser Geistwesen auf der anderen Seite und ihre Identität mit Verstorbenen zu bestätigen scheinen. Wenn sich eine Stimme «von drüben meldet» und mitteilt, daß die lang verloren geglaubte goldene Uhr von Opa Franz in einer vergessenen Kiste unter altem Krimskrams auf dem Speicher steht und sich das bewahrheitet, so ist es verständlich zu glauben, daß sich wirklich Opa Franz gemeldet hat. Das muß jedoch keinesfalls so sein, denn es gibt – wie manche Forscher glaubhaft berichten – auch sogenannte Foppgeister, die durchaus solches Wissen «anzapfen» und sich dann als Opa Franz ausgeben können, ohne es wirklich zu sein.

Paranormale Tonbandstimmen aus dem Jenseits?

Unter dem Titel *Sprechfunk mit Verstorbenen* erschien 1981 ein vielbeachtetes Buch von Friedrich Jürgenson, das längst zum Klassiker geworden ist. (Ich fürchte, daß es inzwischen leider vergriffen ist; es erschien früher im Goldmann Verlag München.) Durch «Zufall» hielt der Sänger und Kunstmaler Jürgenson, nach den Wirren der beiden Kriege in Stockholm ansässig, im Sommer 1959 merkwürdige Stimmen auf seinem Tonband fest. Eigentlich hatte er die Absicht, verschiedene Vogelstimmen aufzunehmen. Und das erzählt er selbst:

«Es war gegen vier Uhr, als ich mich entschloß, wie geplant, Tonbandaufnahmen zu machen. In der Dachstube der etwas abgelegenen Waldhütte angelangt, setzte ich zunächst ein neues Band ein und stellte das Mikrophon dicht an das offene Fenster, vor dem ein dünnes Nylonnetz gespannt war. Als kurz darauf ein Buchfink sich nah am Hause niederließ, schaltete ich den Apparat ein.

Als das Band ungefähr fünf Minuten lang gelaufen war, prüfte ich die Tonbandaufnahme. Das aber, was ich jetzt vernahm, war höchst sonderbar. Ich hörte nämlich einen sturmähnlich vibrierenden Brauseton, durch den man, wie aus weiter Ferne, ein leises Finkengezwitscher erkennen konnte.

Mein erster Gedanke war, daß anscheinend eine der Röhren durch den Transport beschädigt war. Trotzdem schaltete ich den Apparat von neuem ein und ließ das Band laufen. Bei der zweiten Abspielung war es genau wie zuvor: Ich vernahm jenes sonderbare Rauschen und das ferne Vogelgezwitscher. Dann aber erklang plötzlich ein Trompetensolo, das eine Art einleitenden Tusch ausführte. Ich lauschte erstaunt weiter, als plötzlich eine Männerstimme auf Norwegisch zu sprechen begann. Obwohl die Stimme leise klang, konnte ich doch recht deutlich die Worte verstehen. Der Mann sprach von ‹nächtlichen Vogelstimmen› und ich vernahm eine Reihe schnatternder, pfeifender und plätschernder Laute, unter denen ich die Stimme einer Rohrdommel zu erkennen glaubte…

Selbstverständlich besteht die Möglichkeit, daß unter gewissen Umständen ein Tonbandgerät als Radioempfänger funktionieren kann. Aber – war es nicht sonderbar, daß ausgerechnet mir, der sich auf der Suche nach Vogelstimmen befand, norwegische Nachtvogelstimmen in das Band gesendet wurden, und zwar genau in jenem Augenblick, als ich den Apparat einschaltete? Gab es unsichtbare Intelligenzen, die auf diese merkwürdige Weise meine Aufmerksamkeit erregen wollten? Rätselhaft!» (*Sprechfunk mit Verstorbenen*)

Weitere Experimente brachten Einspielungen von Stimmen von Personen, die längst verstorben waren. Wissenschaftler, Rundfunkexperten und Tontechniker haben zahlreiche der bald unzähligen Tonbänder mit solchen Stimmen geprüft, konnten aber keine plausible technische Erklärung für dieses Phänomen finden.

Inzwischen gibt es weite Kreise von Menschen, die sich mit der Erforschung von paranormalen Tonbandstimmen beschäftigen. Es gibt (oder gab zumindest) einen «Verein für Tonbandstimmenforschung» in Düsseldorf, der damals von Herrn Fidelio Köberle geleitet wurde.

Jürgenson zieht ein vorläufiges Fazit am Schluß seines Buches und schreibt: «Dieser heitere Ton, den die Toten öfters benutzen (wenn sie sich über die Tonbandeinspielungen melden), hat zweifellos seinen tieferen Grund. Man sollte die Erklärung nicht nur darin suchen, weil die Verstorbenen eine ‹schwere Operation› glücklich überstanden haben, sondern eher darin, weil sie die wahre Wesenheit des Leidens aus einer anderen Perspektive sehen und durchschauen können. Sie kennen nicht nur die Vergänglichkeit des Kummers und der Angst, sondern sie wissen, auf welche Weise der Mensch sich ständig in Sorge und Elend verstrickt. Auch würde es nur zu negativen Ergebnissen führen, wenn die Toten auf unseren Kummer eingehen wollten, und zwar, indem sie nur zu trösten versuchten. ‹Wir leben – wir sind glücklich!› ist der Kern ihrer Botschaft. Eigentlich ist damit alles gesagt: die Unsterblichkeit des Lebens, die transformierende Kraft des Todes und das Vorhandensein der Brücke zwischen hier und dem Jenseits. Wenn wir nur den wahren Sinn dieser Worte erfassen könnten, so stünde es uns frei, unsere Lebenseinstellung grundsätzlich zu ändern. Die Quintessenz des Lebens offenbart sich im zeitlosen Schaffen. Dort aber, wo Angst und Kummer herrschen, kann der Geist sich nicht frei entfalten.» (*Sprechfunk mit Verstorbenen*)

Ich habe selbst übrigens auch einige Male solche Phänomene miterlebt und kann getrost sagen, daß es sich dabei nicht um Betrug oder ähnliches handelt. Hier sind Erscheinungen, die eindeutig aus einer anderen Dimension stammen. Ob es sich – trotz typischer Redewendungen, nur engsten Angehörigen bekannten Lieblingsmelodien usw. – wirklich um die Seelen jener Menschen handelt, für welche die hinterbliebenen ZuhörerInnen sie halten, muß wohl offen bleiben.

Channeln

Auch «channeln» ist, wenn es echt ist, eine Art Jenseitskontakt. Oft genug werden jedoch nur die eigenen Einsichten ausgesprochen, die durchaus einer höheren, aber eben eigenen Bewußtseinsdimension entstammen mögen. Daß ich wenig von solchen Medien halte, die das «Channeln» auch noch mit Zuckungen oder verstellter Stimme meinen begleiten zu sollen, sei am Rande auch vermerkt.

Echte «Channeler» versetzen sich in einen Bewußtseinszustand, in dem ihre Persönlichkeit nur noch eine geringe oder praktisch keine Rolle mehr spielt. Dann öffnen sie sich für die Gegenwart eines Geistwesens, das aus einer anderen Dimension zu ihnen bzw. durch sie spricht. Solche Mitteilungen sind meistens weniger privater Natur wie die Durchgaben der Spiritisten, Spiritualisten oder der Tonbandstimmen. Es geht häufig um größere Zusammenhänge und Entwicklungen und die Rolle, die der einzelne dabei spielen kann, seine eigene Bewußtseinsentfaltung und die der Welt zu fördern.

Es wird nicht als unzulässige «Reklame» gelten, wenn ich sage, daß Lea Sanders zumindest zeitweise wirklich «gechannelt» hat (sie hat inzwischen das Zeitliche gesegnet – Gottes Friede und der Segen der Heiligen seien mit ihr). Lea ist die Autorin des wunderschönen kleinen Büchleins über Chakras und Aura, das auf deutsch unter dem Titel *Die Farben deiner Aura* erscheint (Goldmann Verlag).

Als ihr Neffe Ryan bei einem Verkehrsunfall starb, er war Anfang Zwanzig, war sie untröstlich, daß ein so talentierter, lebensfroher junger Mann seine wundervollen Anlagen und großen Talente nicht weiterentwickeln und für seine Umwelt positiv einsetzen konnte. Eines Nachts hörte sie so etwas wie ein Klopfen. Anfangs schrieb sie das einer Einbildung zu. Das Klopfen kam in den nächsten Nächten wieder. Sie reagierte trotzdem nicht darauf. Dann fand sie eines Morgens ein, zwei Zeilen in einer ihr vertrauten Handschrift auf einem Stück Papier, das sie samt Kugelschreiber auf dem Tisch gelassen hatte. Die Worte sagten, «schreib auf, was ich dir mitteile»; es war Ryans Handschrift.

Lea Sanders setzte sich in den folgenden Wochen hin und schrieb wie beim «automatischen Schreiben» Worte und Sätze nieder, die ihr, wie sie meinte, von Ryan eingegeben wurden. Das Manuskript heißt «Ryan's Notes» (Ryans Notizen); es ist bislang unveröffentlicht. Es handelt von der Existenz der Seelen auf einigen Zwischenebenen nach dem physischen Tod, vom Gesetz der Liebe, das auf allen Ebenen wirkt, vom Gesetz der Anziehung, das Menschen in diesem Leben zueinander führt, und vom Auftrag, dieses Leben so bewußt und liebevoll wie nur irgend möglich zu führen.

Ich meine, daß manche Menschen, die channeln, tatsächlich Kontakt zu Geistwesen haben. Ob sich aber der Heilige Franziskus von Assisi, der «aufgestiegene Meister» Dwal Khul oder gar Jesus Christus sozusagen regelmäßig auf Zuruf melden und Lebensweisheiten oder Antworten für mehr oder weniger belangvolle Fragen geben, bezweifle ich persönlich. Die meisten «gechannelten» Kontakte halte ich nicht für eine echte Verbindung mit höheren geistigen Jenseitsdimensionen, sondern für eine Spiegelung eigener mentaler Ebenen.

Interview mit dem Tode

Hans Erich Nossack schildert in seinem Buch *Interview mit dem Tode* (das ich in einer Ausgabe des Krüger Verlags Hamburg von 1948 vorliegen habe) die Fragwürdigkeit der menschlichen Existenz anhand eines (fiktiven?) Berichtes von Geistern Verstorbener, welche die Menschenwelt beobachten. In seiner Einleitung «Bericht eines fremden Wesens über die Menschen», niedergelegt nach den Eindrücken des verheerenden Zweiten Weltkriegs, schreibt er:

«Den erhaltenen Anweisungen gemäß habe ich mich nicht zu erkennen gegeben, sondern mit ihnen (den Menschen) verkehrt, als wäre ich einer von ihnen. Es hätte aber solcher Vorsicht gar nicht bedurft, denn diesen Wesen ist die Fähigkeit des gläubigen Staunens versagt. Doch sie müssen sie genauso wie wir einmal besessen haben, wie ich aus den Trümmern ihrer Werke und den Seufzern alter Leute zu schließen wage.

Es ist ein Irrtum, wenn wir als ein Selbstverständliches von ihnen annehmen, daß Menschen zu sein ihnen eine ehrende und endgültige Form des Daseins bedeute. Mit Schaudern empfindet jeder, der mit ihnen umgeht, daß sie sich gleichsam dafür zu verachten scheinen, wachsen zu müssen, zu blühen und Frucht zu tragen, wie es doch allem Lebendigen notwendig ist, um seine Art zu erhalten. Sie haben aber maßlose Wünsche, und indem sie dem Notwendigen auszuweichen trachten, versäumen sie ihre Möglichkeit. Doch was sie zu werden begehren, wenn es ihnen gelänge, ihre Form zu zerbrechen und den Namen Mensch von sich tun, das konnte mir niemand angeben. Dabei kann man nicht sagen, daß sie noch der kindliche Halbschlaf der Morgendämmerung umfängt. Der Tag liegt schon hinter ihnen und das Wissen, daß es umsonst hell war, läßt sie an allem zweifeln. Wie aber darf man von Wesen, die nicht an sich selber glauben, erwarten, daß sie das Dunkel bestehen werden?

Die alten Leute sprechen von einem Wesen, das sie Gott nennen. Doch dieses Wort hat so wenig Klang in ihrem Munde, daß es mir nicht zur Gestalt wurde. Vielleicht war, was sie so nennen, nur ein Bild ihrer Wünsche, und es ist ihnen zerbrochen wie alles andere; denn wir müßten doch auch von einem solchen Wesen erfahren haben. Die Jüngeren aber kennen dies Wort nicht mehr…»

Und das sagt ein Mystiker Indiens, Sawan Singh, zum Thema Geister: «So, wie es Engel gibt, gibt es auch Geister. Sie sind Bewohner der Astralebene, genau so, wie verschiedene Völker und Nationen mit unterschiedlichen Merkmalen auf dieser Erde wohnen. Sie sind wie Menschen, Tiere und so fort eine Form der Schöpfung; da sie jedoch keine grobe, irdische Materie haben, wirken sie auf der Astralebene.

Leute, die sehr stark an sexuelle und andere niedere Begierden verhaftet sind und ihre Sehnsüchte nicht ausleben konnten, inkarnieren üblicherweise als Geister. Als körperlose Formen klammern sie sich an schwache Leute, die niedere Begierden haben. Sie kommen Menschen mit starkem Willen nicht nahe und wagen nicht, Menschen, die mit dem inneren göttlichen Tonstrom meditieren, anzuschauen. Geister können sich in einem Haus, in dem ein Mensch ist, der mit dem Tonstrom meditiert, noch nicht einmal aufhalten.» (Sawan Singh, *Spiritual Gems*)

Yakusans Tod

Des Zen-Meister Yakusans Tod entsprach ganz seinem Leben. Als er kurz vor dem Sterben war, rief er ganz laut, «Die Dharma-Halle stürzt ein! Die Dharma-Halle stürzt ein!» Die Mönche rannten und schleppten alles Mögliche heran, um das Dach und die Wände zu stützen. Der Meister klatschte voller Vergnügen in die Hände und lachte laut auf. Dann warf er seine Hände in die Luft und rief, «Ihr versteht ja gar nicht, was ich meine.» Und damit schied er aus diesem Leben. (*Graceful Exits*, Hrsg. Sushila Blackman)

Michael der Seelenwäger, katalanisch, 13. Jahrhundert.

8.
«Ich sterbe täglich»

Tod, wo ist dein Stachel?
Hölle, wo ist dein Sieg?

Das Paulus-Wort des *Ich sterbe täglich* ist vielen Christen durchaus geläufig (1 Kor 15,31). Doch wissen wir auch, was damit eigentlich gemeint ist? Die meisten Menschen meinen, daß Paulus damit nur ausdrücken wolle, daß er täglich sein kleines Ich dem großen Willen Gottes unterzuordnen suchte. Daß er bereit war, sein Ego aufzugeben, seine Wünsche und Sehnsüchte, daß er als Ich bereit war, sich «aufzulösen», eben zu «sterben». Doch meinte er sicher mehr, nämlich, daß er täglich die mystische Erfahrung machen durfte, den Körpertempel zu verlassen und in das Reich Gottes einzutreten.

Wisset ihr nicht, daß ihr der Tempel Gottes seid und der lebendige Geist in euch wohnt?
Das Reich Gottes kommt nicht mit äußeren Gebärden, es liegt inwendig in euch.
Tretet ein durch die enge Pforte, denn eng ist die Pforte und schmal ist der Weg, der zum Leben führt, und es sind nur wenige, die ihn finden…

Diese Worte des Neuen Testaments weisen unmißverständlich darauf hin, daß es ein höheres, inneres Leben des Geistes gibt, daß vom irdischen Tod nicht berührt wird. Paulus schreibt darüber in seinen Briefen mehr:

Der letzte Feind, der vernichtet wird, ist der Tod. (1 Kor 15,26). *Das sage ich aber, liebe Brüder, daß Fleisch und Blut nicht können das Reich Gottes ererben; auch wird das Verwesliche nicht erben die Unverweslichkeit. Siehe, ich sage euch ein Geheimnis: Wir werden nicht alle entschlafen, wir werden aber alle verwandelt werden... Der Tod ist verschlungen in den Sieg. Tod, wo ist dein Stachel? Hölle, wo ist dein Sieg?* (1 Kor 15,50-51.55)

Christliche Mystiker, die nach Paulus lebten, haben das Wort vom täglichen Sterben deutlicher ausgeführt. So weist die Heilige Theresa von Avila in ihrer Beschreibung der sogenannten Seelenburg darauf hin, daß es ein «Gebet mit der Aufmerksamkeit» gibt. Bei diesem Gebet bewegt man nicht die Lippen, sondern richtet seinen Geist fest auf Gott. Sonst «schleicht man nur um die Seelenburg herum», wie Theresa sagt. Um aber hineinzugelangen, um Anteil zu haben am Wunderglanz des göttlichen Lichtes in der fest verschlossenen Seelenburg, muß man die Aufmerksamkeit sammeln, am sogenannten Einzelauge, aus dem Körperbewußtsein heraustreten und in das rein spirituelle Bewußtsein eintreten.

Man muß das «ewige Wasser des Lebens trinken», das allen Durst löscht und auch den sogenannten zweiten Tod überwindet, den Tod der Seele, von dem in der Bibel die Rede ist.

Ein modernes Gleichnis dazu: Solange ich mich als Autofahrer vollständig mit dem Auto identifiziere und mich nur um das Wohl und Wehe des Autos kümmere – mich um Benzin, Öl, Luft usw. sorge –, werde ich mein eigenes Leben als Fahrer vernachlässigen. Wenn ich nun derart verhaftet bin, daß ich auch dann nicht aussteige, wenn das Auto eines Tages auf den Schrottplatz kommt und dort in die gewaltige Metallpresse gerät, was passiert dann mit mir als Fahrer?

Das «tägliche Sterben» bestand und besteht – für Paulus, Teresa, andere Mystiker anderer Kulturkreise und potentiell genauso für uns – darin, daß wir während des Lebens erfahren, wie es ist, wenn wir das Körperbewußtsein überschreiten bzw. uns davon lösen. Dazu bedarf es des feinen Spiels auf der sogenannten Silberschnur, wovon im nächsten Kapitel die Rede sein wird.

Das tägliche Sterben ist eine Vorbereitung, um den Vorgang des Sterbens, den Abschied vom Körper, so selbstverständlich, elegant und leicht wie möglich zu gestalten. Gleichzeitig dient es dazu, daß wir bereits während des Körperlebens Einblicke in die höheren Welten erlangen.

Warum seid Ihr nicht traurig?

Unter den Leuten von We lebte ein Mann namens Wu... Als sein Sohn starb, ward er nicht traurig. Da sprach sein Hausverwalter zu ihm: Auf der ganzen Welt gab es keinen Menschen, der seinen Sohn so liebte wie Ihr. Nun, da Euer Sohn gestorben ist, warum seid Ihr nicht traurig? Wu sprach: Es gab eine Zeit, da ich ohne Sohn war, und in jener Zeit war ich nicht traurig. Nun ist mein Sohn gestorben, und es ist wieder ebenso wie früher... Was sollte ich da traurig sein? (Liä Dsi)

Angesichts des Todes

Über den Meister Mong Sun, der nach außen hin zwar beim Tod seiner Mutter Trauer zeigte, aber innerlich davon nicht ergriffen schien: «Er kennt keinen zureichenden Grund für das Leben und kennt keinen zureichenden Grund für das Sterben; darum weiß er nicht, ob es besser ist, sich der Vergangenheit zuzuwenden oder der Zukunft. So läßt er die Wandlung, durch die die Erscheinungen hervorgebracht werden, an sich vorübergehen im Bewußtsein dessen, daß diese Wandlung unerkennbar ist. Wenn es aussieht, als werde sich etwas wandeln: woher kann man wissen, ob es nicht in der Tat sich *nicht* wandelt; wenn es aussieht, als wolle sich etwas nicht wandeln: wie kann man wissen, ob es in der Tat nicht schon in

Wandlung begriffen ist?… Jener zeigt äußere Trauer, während er im Herzen unberührt bleibt. Für ihn gibt es nur den Aufbruch aus einer Morgenhütte, kein wirkliches Sterben. Mong Sun ist erwacht. Wenn die anderen weinen, so weint er mit… Wem der große Schritt gelungen ist (zur Erleuchtung), dessen Freude tut sich nicht mehr äußerlich kund; wer seine Freude noch äußerlich zeigt, der ist nicht durchgedrungen zu jenen Ordnungen. Wer sich beruhigt bei jenen Ordnungen und dem Wandel entronnen ist, der geht ein in das grenzenlose All.» (*Dschuang Dsi*)

Wer vor dem Tode stirbt, wird nicht im Tode sterben,
Das Leben nach dem Tod ist sein: Er kann es erben.

Daniel Czepko

Der Weise stirbt nicht mehr, er ist zuvor schon tot,
Tot aller Eitelkeit, tot allem, was nicht Gott.

Angelus Silesius

Täglich sterben kann auch bedeuten, ganz in der Gegenwart zu leben, ganz im Hier und Jetzt zu sein. Die Vergangenheit können wir nicht mehr ändern. Vergossene Milch läßt sich nicht mehr im Krug einsammeln. Die Zukunft können und sollen wir durchaus planen, aber mehr, als in der Gegenwart das

Wahre, Gute und Schöne zu denken, zu fühlen, zu sagen und zu tun, können wir auch nicht.

In diesem Sinne ist das tägliche Sterben nicht nur ein Weg der Meditation, der Versenkung, der Überschreitung des Körperbewußtseins und der Reise in die inneren Welten. Sondern als Vorbereitung und als Hilfe ist ein ständig erneuertes Bemühen, eine Einübung von Los-lassen, Ge-lassen-heit auf der Ebene des Gemüts ebenfalls sinnvoll.

Leben ist Wirklichkeit,
Der Tod ist sein Schatten;
Aber wie der Schatten sichtbar ist
Und doch nicht ist,
So verhält es sich auch mit dem Tod.

Hazrat Inayat Khan

Der Tod von Ramakrishna

Ramakrishna, der Weise von Dakshineswar, lebte im letzten Jahrhundert in Bengalen, in der Nähe von Kalkutta, und wurde von Hindus, Muslimen und Christen als Heiliger verehrt. Sein berühmter Schüler Vivekananda trug seine Lehren der Gemeinschaft aller Menschen untereinander und der Göttlichkeit ihres Ursprungs und ihrer Bestimmung in den Westen. Einige Tage vor seinem Ableben wunderten sich wohl manche Umstehende, wie kindlich Ramakrishna mit Blüten spielte, die man ihm als Zeichen der Verehrung zu Füßen gelegt hatte. Sein Gesicht strahlte, als ob es von den fürchterlichen Schmerzen des Kehlkopftumors, unter dem er litt, nicht berührt wäre. Ramakrishna sagte versonnen:

Der Sinnesstrom hat angefangen, nach oben zu steigen. Ich weiß nicht, seit wann schon. Ich bin in einer kindhaften Stimmung, und ich spiele so mit diesen Blüten. Wißt ihr, was ich sehe? Der Körper erscheint mir wie ein Bambusgestell, das von einem Leintuch bedeckt ist und sich bewegt. Das Gestell bewegt sich, weil jemand darinnen ist. Es ist wie bei einem Kürbis, wenn das Fruchtfleisch und die Kerne herausgeholt sind: Es gibt keine Verhaftung, keine Leidenschaften oder dergleichen. Das Innere ist vollkommen rein und…

Ramakrishna konnte vor Schmerzen offenbar nicht weitersprechen. So vollendete sein Schüler Mahendra den Satz, «Du siehst Gott im Inneren…» Ramakrishna ging darauf ein, und fuhr fort

… sowohl innen wie außen. Es ist die Seins-Bewußtseins-Seligkeit, das Erleben des absoluten Wissens und des Segens. Ich sehe, daß Sat-Chit-Ananda diese Form angenommen hat (seinen eigenen Körper) und alles andere eben-

so durchdringt, sowohl innen wie außen... Wenn der Körper krank ist, denkt der Geist manchmal auch, daß er krank ist. Aber nur der Körper leidet, versteht ihr?

Am Tage seines Todes fiel Ramakrishna in Samadhi, einen Zustand der äußeren körperlichen Erstarrung, bei dem er aber innerlich in höchsten geistigen Dimensionen weilte. Nach einigen Stunden erlangte er wieder das Alltagsbewußtsein zurück und teilte mit, daß er ungeheuer hungrig sei.

Zum ersten Mal seit langer Zeit aß er wieder ohne Schluckbeschwerden. Dann rief er dreimal mit klarer, vernehmlicher und von keiner Kehlkopfkrankheit gezeichneten Stimme den Namen der Großen Mutter aus und legte sich sanft hin.

Nach einer Stunde ging ein Strom durch seinen Körper, seine Haare sträubten sich, die Augen sammelten sich zum dritten Auge hin, sein Gesicht leuchtete mit einem Lächeln auf und er wandte sich einfach nach innen und blieb dort.

9.
Die Silberschnur

Stirb, ehe du noch stirbst, damit du nicht mußt sterben.
Wenn du nun sterben sollst – sonst möchtest du verderben.

Angelus Silesius

Denke an deinen Schöpfer in deiner Jugend, und laß dein Herz guter Dinge sein in deinen jungen Tagen. Tu, was dein Herz gelüstet und deinen Augen gefällt; aber wisse, daß dich Gott um alles vor Gericht ziehen wird. Laß den Unmut fern sein von deinem Herzen, und halte fern das Übel von deinem Leibe; denn Kindheit und Jugend sind eitel.

Denk an deinen Schöpfer in deiner Jugend, ehe die bösen Tage kommen und die Jahre sich nahen, da du wirst sagen: «Sie gefallen mir nicht»; ehe die Sonne und das Licht, Mond und Sterne finster werden und Wolken wiederkommen nach dem Regen, zur Zeit wenn die Hüter des Hauses zittern und die Starken sich krümmen und müßig stehen die Müllerinnen, weil es so wenige geworden sind, und wenn finster werden, die durch die Fenster sehen, und wenn die Türen an der Gasse sich schließen, daß die Stimme der Mühle leiser wird, und wenn sie sich erhebt, wie wenn ein Vogel singt, und alle Töchter des Gesanges sich neigen; wenn man vor Höhlen sich fürchtet und sich ängstigt auf dem

Wege, wenn der Mandelbaum blüht und die Heuschrecke sich belädt und die Kaper aufbricht.

Denn der Mensch fährt dahin, wo er ewig bleibt, und die Klageleute gehen umher auf der Gasse; ehe der silberne Strick zerreißt und die goldene Schale zerbricht und der Eimer zerschellt an der Quelle und das Rad zerbrochen in den Brunnen fällt. Denn der Staub muß wieder zur Erde kommen, wie er gewesen ist, und der Geist wieder zu Gott, der ihn gegeben hat. (AT, Pred 12,1-8)

Der silberne Strick, der heute allgemein als die sogenannte Silberschnur bekannt ist, verbindet die unsterbliche, ewige Seele mit Körper, Gemüt und Verstand. Beim Tode zerreißt die Silberschnur, was für den Durchschnittsmenschen mit großen Schmerzen verbunden ist. Auf die Frage, ob der Tod ein schmerzhafter Vorgang sei, gibt Kirpal Singh in seinem Buch *Das Mysterium des Todes* die folgende bezeichnende Antwort:

Der Todesvorgang

«Bei den meisten Menschen ist es so, um eine allgemeine Antwort zu geben. Die Schriften berichten uns von dem qualvollen Schmerz, den ein Sterbender im Tod erleidet. In der *Bhagavad Purana* heißt es, daß die schrecklichen Todesqualen, die man erlebt, so groß sind, als würde man von einer Million Skorpionen auf einmal gestochen. Der *Koran* vergleicht den Todeskampf mit der Situation eines Menschen, dem ein Dornbüschel von einem Ende des Verdauungskanals bis zum anderen gezogen wird. Die Sikh-Schriften drücken es ähnlich aus: die Lebensströme werden herausgezogen.

Alle diese Darlegungen verdeutlichen nur das Ausmaß der Qual, die einer erleidet, wenn die Todesengel erscheinen, um den Geist gewaltsam aus dem Körper zu nehmen. Was in dem Augenblick tatsächlich geschieht, weiß allein der Sterbende. Niemand, der den Tod wirklich erfahren und die Grenzen des Totenreichs überschritten hat, ist je von dort zurückgekehrt, um uns Genaues über sein Leiden zu berichten.

Jeder leidet für sich und wird für immer still. Auf dem Totenbett zu liegen ist eine wahre Kreuzigung, und das Sterbezimmer gleicht einem Leichenhaus. Man kann schwerlich davon unberührt bleiben, wenn sich Menschen tagelang mit einem Röcheln in der Kehle ruhelos hin- und herwerfen und auf dem Sterbelager in äußerster Agonie vor Schmerzen krümmen. Wer kann die Qualen des Todes lindern? Alle stehen hilflos dabei: die besten Ärzte, die bis zuletzt Medikamente verabreichen, die betreuenden Krankenschwestern, die auf Zehenspitzen gehen, und die nächsten Verwandten und Freunde, die weinend, mit traurigem Blick und bedrücktem Gesicht umherstehen – und alle erwarten das Ende. Wer hört das mitleiderregende Weinen des armen Opfers und der Lebensgefährten, seiner Frau und der Kinder?»

(Kirpal Singh, *Das Mysterium des Todes*)

Drastische Worte, die aber – siehe der erste Satz – sich *nicht* auf alle Menschen beziehen, sondern auf die «meisten». Nämlich auf jene, die sich mit den Fragen des Geistes nicht beschäftigt haben, die keinen Glauben und keine Hoffnung hegen, die wenig oder keine Liebe gelebt, sondern andere Menschen eher verachtet, unterdrückt oder gequält haben, und die ihrem Leben so stark verhaftet sind, daß jeder Abschied, jede Lösung vom Körper ist, als ob alle Knochen einzeln gebrochen würden.

Während die Frau mit aufgelöstem Haar klagt,
geht die einsame Seele ihren Weg allein.

Kabir

Der wird nicht auferstehn, der vor nicht auferstanden.
Der jüngste Tag ist jetzt und nicht darnach vorhanden.

Angelus Silesius

Die ganze Welt hat schreckliche Angst vor dem Tod,
und jeder möchte endlos leben.
Wenn man durch die Gnade des Meisters
im Leben zu sterben lernt,
erkennt man die göttliche Wahrheit.
O Nanak, wer einen solchen Tod stirbt,
erlangt die Gnade des ewigen Lebens.

Guru Nanak

Der «silberne Strick», die Silberschnur, wird in der Bibel behandelt, wenn auch nur an einer einzigen, anfangs zitierten Stelle. Was die Silberschnur ist, und welche Bedeutung es hat, sie schon im Leben zu aktivieren, hat der große Meditationsmeister und mystische Dichter Darshan Singh sehr prägnant dargestellt. Hier ein Textauszug aus dem Kapitel «Die Silberschnur» aus seinem Buch *Das Geheimnis der Geheimnisse* (mit freundlicher Genehmigung seines Sohnes).

Was ist die Silberschnur?

Die Silberschnur ist die feinste Verbindung des physischen Körpers mit den höheren Ebenen. Wir erhalten sie, wenn wir den physischen Körper bekommen, und sie zerreißt, wenn wir ihn wieder verlassen müssen. Die Silberschnur existiert genau so lange wie unser irdischer Körper. Die Heiligen verlassen ihren Körper während ihrer irdischen Lebenszeit regelmäßig und willentlich. Die anderen Menschen dagegen – von wenigen Ausnahmen abgesehen – verlassen ihren Körper nie, solange sie hier sind; sie können es nicht.

Bei normalen irdischen Menschen, die niemals die Gelegenheit hatten, zu den Füßen eines Heiligen zu kommen, und niemals erfahren konnten, was es heißt, während des Lebens zu sterben, bleibt die Silberschnur unberührt. Sie tritt bei ihnen nur ein einziges Mal in Aktion – beim Tode.

Wer aber die Kunst des Sterbens erlernt hat, während er noch lebt, und sogar mehrere Male am Tage stirbt, verfügt über eine funktionstüchtige und aktive Silberschnur. Solche Menschen verlassen den Körper vorübergehend (mit der entsprechenden Meditationsmethode), werden in die höheren Ebenen erhoben und bleiben währenddessen mit dem Körper durch die Silberschnur verbunden. Sie kehren in den Körper zurück, wann immer sie wollen…

Die meisten Menschen lernen leider nie, wie man stirbt, während man lebt, um so wahrhaft anzufangen zu leben. Bei ihnen bleibt die Silberschnur unberührt. Die unbenutzte Schnur zerreißt in der Todesstunde plötzlich; das ist sehr ungünstig.

Die Silberschnur ist wie eine Saite einer Leier oder einer Ektara (Instrument mit nur einer Saite)... Manchmal sang unser geliebter Meister und begleitete sich mit der Ektara... Wenn ein Musiker mit seinen Fingern auf einer Ektara spielt, beginnt er mit einer sehr leichten, sanften Berührung und mit einem tiefen Ton. Das Tempo steigert sich bis zu einem Höhepunkt, bei dem sogar die Bewegungen der Finger, die das Instrument spielen, nicht mehr zu sehen sind...

Die Silberschnur wird also bei den meisten Menschen niemals berührt, obwohl sie die ganze Lebenszeit nur darauf wartet. Dann, wenn sie das erste Mal berührt wird, ist es auch schon das letzte Mal. Das geschieht, wenn sie vom Stock des Todesengels getroffen wird und reißt. Welch ein Unglück!

Die Silberschnur ist dafür gedacht, daß auf ihr gespielt wird. Melodische Symphonien sollten darauf erklingen. Diese heilige Schnur sollte uns mit hinreißender Musik bezaubern.

Aber die meisten Menschen haben nicht das große Glück, die Lotosfüße eines Meisters zu erreichen, und bei ihnen erklingt nie Musik darauf. Ihr Vorhandensein dient keinem Zweck, und das Ende ist so abrupt, so herzzerreißend, so voll Schmerz und Qual, so mißtönend, daß wir nur Mitleid mit diesem Schicksal haben können.

Andere dagegen, die das Glück haben, zu einem wahren Meister zu gelangen, erheben sich wenigstens manchmal über das Körperbewußtsein. Diese silberne Schnur wird dann jedesmal von einem überaus zarten und empfindsamen Finger berührt, und sie bringt lebensspendende Musik hervor.

Hat der Schüler noch mehr Glück und erhebt er sich oft über das Körperbewußtsein, dann erklingt diese Saite in noch hinreißenderen, bezaubernderen Melodien.

Und bei einem Meister, der von Gott beauftragt wurde, die von Ihm getrennten menschlichen Seelen in die göttliche Heimat zurückzuführen, Seelen, die Billionen und Billionen von Jahren Mühsal und Anstrengung, Prüfungen und Leiden erdulden mußten, bei diesem Meister spielt der göttliche Finger in jedem Augenblick auf der Silberschnur...

Wird ein Musikinstrument regelmäßig benutzt, so bleibt es funktionsfähig und gut spielbar. Liegt es aber – in diesem Fall mit nur einer Saite – unbeachtet an einem dunklen Platz, dann rostet es bald und wird brüchig.

Kabir Sahib sagte, daß wir ununterbrochen schlafen und erst aufwachen, wenn die Rute des Todesengels unseren Kopf trifft. Bei diesen unglücklichen Menschen wird die Saite nur ein einziges Mal vom grausamen Stock des Todesengels angeschlagen. Dabei zerreißt sie, und der dadurch entstehende

Mißton symbolisiert den Schmerz, die Qual, die Ruhelosigkeit und den Todeskampf beim gewöhnlichen Sterbenden.

Aber bei Heiligen sowie bei ihren Schülern, die sich über das Körperbewußtsein erheben und durch die Gnade ihres Meisters in höhere Ebenen aufsteigen, bleibt dieses Instrument immer funktionsfähig. Es wird immer sensibler und reiner, sooft der göttliche Finger es berührt.

Und bei der letzten Berührung löst sich die Silberschnur beim Erklingen der wundervollen Musik ohne jeden Schmerz auf. Nur diese Musik bringt uns Wonne, Ruhe, Frieden und Unsterblichkeit, entsprechend den verschiedenen Phasen und Entwicklungsstufen, die der Schüler durchläuft.

Bei der ersten Gruppe von Menschen verursacht das Reißen der Silberschnur beim Tode Schmerz und Qual, und sie bringt einen Mißklang, ein sehr unschönes Geräusch hervor. Bei der zweiten Gruppe erzeugt sie wunderbare Musik – natürlich in Abstufungen (entsprechend der spirituellen Entwicklung des einzelnen) –, und hat somit den Zweck erfüllt, für den sie geschaffen wurde. Sie vereint sich mit dem Ewigen in einer Melodie, die ihrem spirituellen Ziel entspricht.

Sogar wenn der Schüler eines vollkommenen Meisters seinen Körper (während seiner irdischen Lebenszeit) nicht willentlich verlassen konnte, dringt diese ewige Musik zur Zeit seiner Initiation (Einweihung in die Mysterien des Jenseits, Verbindung mit dem inneren Licht und der göttlichen Musik; siehe auch Adressenhinweis im Anhang) in seine Adern und Poren, wenn auch vielleicht von ihm nicht gehört und nicht bemerkt. Gelang es dem Schüler sein ganzes Leben lang nicht, seinen Körper zu verlassen, so wird der Meister, in dem Gott Gestalt angenommen hat und der die Quelle aller Musik ist, in der Sterbestunde des Schülers nichtsdestotrotz seine Gnade über ihn ergießen.

Unser Meister Hazur sagte immer, die Saat der Initiation, einmal gesät, geht nie verloren. Sie muß und wird Frucht tragen. Die Frucht ist die Unsterblichkeit. Man wird eins mit Gott. Diese Frucht hilft der Seele, im Meer des Allbewußtseins aufzugehen.

Es kommt manchmal vor, daß ein Kranker einen Arzt aufsucht, aber die ihm verschriebene Arznei nicht einnimmt und sich trotzdem erholt, weil der Arzt ihn untersucht und seinen Puls gefühlt hat. Seine Berührung war so beruhigend und stärkend, daß der Mensch keine Medikamente mehr brauchte.

Jeder in die Geheimnisse des Jenseits Initiierte ist solch einem Menschen vergleichbar, dessen Puls von einem mitleidsvollen Arzt gefühlt wurde, denn in diesem Augenblick wurde dem Schüler etwas sehr Erhabenes übertragen.

Auch wenn der Schüler den Pfad scheinbar verläßt, ist der Meister voll des Erbarmens und voll der Gnade. Er ist immer im Herzen und in der Seele des Schülers. Wenn schließlich die Abberufung erfolgt, richten sich das Erbarmen und die Gnade des Meisters auf den Schüler, ganz gleich, was er während seines Lebens getan hat.

Der Meister gibt der Silberschnur durch seine Gnade und Barmherzigkeit die erhabene Berührung. Dadurch entsteht eine verzückende Melodie. In diesem Zustand der Ekstase und der Glückseligkeit verläßt der Schüler schließlich seinen Körper und erhebt sich in die höheren Regionen des Lichtes und der Musik. Die silberne Schnur hat dann ihren Dienst getan.» (*Das Geheimnis der Geheimnisse*, Zusätze in Klammern von mir.)

Wie die Chakras und die Arbeit mit der Silberschnur zusammenhängen, erläutert ein jetziger Meditationslehrer, Rajinder Singh, in den folgenden Antworten auf ein Interview mit mir sehr anschaulich (meine Fragen habe ich für diese Bearbeitung herausgelassen).

Chakras und Körperaustritt

«Der Sitz der Seele, oder das sechste Chakra oder Ajna-Chakra, liegt zwischen und hinter den beiden Augenbrauen. Es ist keine unserer physischen Drüsen. Unsere fünf unteren Chakras üben unterschiedliche Funktionen im Körper aus.

Das Wurzel-Chakra ist verantwortlich für die körperlichen Vorgänge, die uns reinigen. Das Sexual-Chakra ist zuständig für die Zeugung, die die Schöpfung ins Sein bringt. Das Nabel-Chakra ist die Kraft, die das Leben erhält. Es erhält unser Leben in dieser Welt. Das Herz-Chakra ist verantwortlich für die Kontrolle über den Todesvorgang; es reguliert den Alterungsprozeß und die Auflösung alter Zellen, so daß neue nachwachsen können. Das Kehlkopf-Chakra ist jenes, das die umfassende Kontrollkraft ausübt über die drei darunterliegenden Chakras – die Chakras für die Erzeugung der Spezies, für die Erhaltung unseres Lebens und für unsere Zerstörung, unseren Tod.

Wir alle in dieser Welt wissen, daß wir eine bestimmte Lebenszeit haben. Jeder von uns wird sterben. Wir alle haben in dieser Welt nur eine bestimmte Zeitspanne zur Verfügung. Manche mögen vierzig Jahre leben, andere sechzig Jahre, wieder andere vielleicht hundert Jahre. Aber irgendwann wird unsere Lebenszeit auf dieser Erde beendet sein.

Diese fünf unteren Chakras wirken also alle auf Vorgänge in unserem Körper. Sie lenken bestimmte Lebensvorgänge. Sie sind also Kraftzentren im Körper. Daneben haben wir noch das sechste Chakra, das auch Ajna-Chakra heißt. Es wird das Dritte Auge genannt, das Einzel-Auge, *Daswan Dwar* (das zehnte Tor), *Shiv Netra* oder *Divya Chakshu*. Es ist in allen Religionen bekannt und hat in allen Sprachen einen bestimmten Namen. Es ist der Sitz der Seele.

Genauso, wie wir unsere physische Welt kennen, gibt es in unserem Inneren Ebenen, die zur gleichen Zeit existieren. Es gibt Dimensionen, die gleichzeitig mit unserer physischen Welt und Zeit existieren.

Die meisten der östlichen Mystiker, so auch die Lehrer der *Wissenschaft der Spiritualität,* glauben und haben uns gesagt, daß diese Welt von Gott erschaffen wurde. Gott war allein und wollte in seiner eigenen Weisheit aus einem viele werden. Von dieser Weisheit ging eine Schwingung aus. Und diese Schwingung resultierte in zwei ursprünglichen Manifestationen Gottes.

Die eine ist das Licht Gottes und die andere die Harmonie aller Harmonien oder die Musik der Sphären. Deshalb sind die Lehrer von Sant Mat der Ansicht, daß wir in jedem Ort der Anbetung, sei es ein Tempel, eine Synagoge, eine Gurdwara oder eine Moschee, Hinweise auf Licht und Ton finden. Wir sehen, daß in den meisten Gebetshäusern Kerzen brennen. In manchen indischen Tempeln finden wir z.B. brennende Öllampen; mancherorts auch Kirchenglocken, kleine und große Glocken, und manchmal hören wir, daß Trommeln geschlagen werden.

Diese Symbole erinnern uns also daran, daß wir versuchen sollen, das Licht Gottes im Innern zu sehen und uns auf die Melodie aller Melodien einzustellen. In vielen Schriften wird auf diese Melodie als die «ungespielte Melodie» hingewiesen. In den Sikh-Schriften wird sie als *Shabd*, *Naam* oder *Anhat-Shabd* bezeichnet, als Melodie, die nicht von menschlichen Fingern gespielt wird. Es ist eine Melodie, die sich selbst spielt. In den Hinduschriften heißt diese Kraft *Jyoti*, *Sruti*, *Udgit*, *Nad*. In den islamischen Schriften spricht man von *Kalma* oder *Kalam*, bei den Sufis heißt es *Bang-i-Asmani* oder *Saut-i-Sarmadi*. In den Schriften von Zoroaster nennt man diese Kraft *Sraosha*, in den buddistischen Schriften ist die Rede vom *tönenden Licht*, in der Bibel vom *Wort*: ‹Im Anfang war das Wort, und das Wort war bei Gott, und das Wort war Gott.› (Joh 1.1)

Wir leben jetzt in der physischen Welt. In dieser Welt gibt es Materie und nur sehr, sehr wenig Bewußtsein. Der Anteil an Bewußtsein wird in dieser Welt Seele genannt. Es ist die Seele, die den Körper bewohnt.

Wenn wir uns nun auf das sechste Chakra konzentrieren, den Sitz der Seele im menschlichen Körper, können wir inneres Licht und innere Musik erfahren. Dieser Strom des göttlichen Lichts und Tons hilft unserer Seele, sich über das Körperbewußtsein zu erheben und in die inneren Ebenen einzutreten. Es gibt viele innere Regionen in uns.

- Die physische Ebene, die man als die erste Ebene bezeichnen kann. Es ist diejenige Ebene, in der wir alle leben. Sie hat nur sehr wenig Bewußtsein, und dieses Bewußtsein ist die Seele in unserem Körper.
- Die zweite Ebene wird Astralebene genannt. In ihr herrscht immer noch die Materie vor, und es gibt nur wenig Bewußtsein, aber doch bereits mehr als auf der physischen Ebene.
- Die nächste Ebene ist die Kausalebene. Dort gibt es bereits gleiche Anteile von Bewußtsein und Materie.
- In der vierten Ebene, die man die suprakausale Ebene nennt, gibt es noch mehr Bewußtsein und nur noch wenig Materie.
- Und auf der fünften Ebene, Sach Khand oder die rein geistige, spirituelle Ebene, gibt es reines Bewußtsein und Allbewußtheit. Dies ist ein Reich, eine Dimension, in der es keinerlei Verunreinigung durch Materie gibt, es gibt dort keine Art von Materie mehr.

Es gibt noch Unterteilungen dieser fünften Ebene, die Mystiker erforscht und beschrieben haben, aber im weiteren Sinne ist die fünfte Ebene jene, in der wir die Vereinigung mit Gott erleben können.

Licht und Ton, die von Gott ausgingen, kamen aus der rein spirituellen Region durch all diese Ebenen bis herab in die physische Ebene. In den Lehren von Sant Mat heißt es, daß der Weg zur Gotterkenntnis darin besteht, uns mit dem göttlichen Strom von Licht und Klang zu verbinden und durch diese inneren Ebenen zurückzugehen und so unsere ewige Heimat, die fünfte Ebene, Sach Khand, zu erreichen.

Der tausendblättrige Lotos ist ein Ort in einer der Ebenen auf dem Weg zurück. Der Name bezieht sich auf einen Ort in der Astralebene, der auch *Sahansdal Kanwal* genannt wird. Manche Menschen haben das mit einem Chakra im Körper verwechselt.

In den letzten Jahren haben sich immer mehr Wissenschaftler für die Frage interessiert, was mit dem menschlichen Körper zum Zeitpunkt des Todes geschieht. Wir kennen zahlreiche Berichte über die sogenannten Nah-Tod-Erlebnisse. Alle diese Menschen hatten ähnliche Erfahrungen. Im allgemeinen berichteten Menschen, die als klinisch tot erklärt worden waren und wieder zurück ins Leben kamen, daß sie durch eine Art schwarzen Tunnel gegangen sind. Auf der anderen Seite dieses Tunnels fanden sie entweder ein Lichtwesen oder waren von einem überwältigenden Licht umgeben. Ihre Gefühle waren Seligkeit,

Freude, Frieden und Gelassenheit. Und sie alle wollten diese Umgebung und diese Gefühle nicht wieder verlassen, um in unsere Welt zurückzukehren. Sie wurden durch die Liebe von und zu ihrer Familie zurückgezogen. Das sind nur einige der gemeinsamen Erfahrungen, von denen praktisch jeder erzählte, der klinisch tot war und ins Leben zurückkam.

Wenn wir nun meditieren, erleben wir durch die Verbindung mit dem heiligen Licht Gottes ebenfalls Freude und Ekstase. So werden jetzt manche der Lehren unserer Meister, unserer Lehrer der Wissenschaft der Spiritualität, die diese uns durch die Jahre hindurch weitergegeben haben, durch die Wissenschaft als richtig bestätigt.

Sie können aber nicht einfach allein experimentieren und dann gute Resultate erwarten. Es ist genauso wie in unserem Alltagsleben: Wenn wir in Physik ein Experte werden wollen, in Chemie, Biologie oder in einer der Künste, dann gehen wir in eine Schule, an die Hochschule, zu einem Professor, der für dieses Fach kompetent ist. Wenn wir in unserem Alltagsleben Sport erlernen wollen, gehen wir zu einem anderen Lehrer.

Ähnlich ist es, wenn wir etwas darüber lernen wollen, wie man nach innen geht. Dann brauchen wir die Anleitung eines spirituellen Adepten, der sich selbst sehr gut auf den inneren Wegen auskennt. Die inneren Reiche sind nämlich sehr viel komplizierter als unser Leben auf dieser körperlichen Ebene. Wenn wir dort irgend etwas alleine praktizieren, dann könnten wir uns verirren und Probleme bekommen, in höhere Ebenen aufzusteigen.

In praktisch allen heiligen Schriften gibt es Hinweise auf die Seele, die den Körper verläßt, zum Beispiel auf die Silberschnur, die am Lebensende durchgetrennt wird. Diese Silberschnur ist die Verbindung zwischen der Seele und dem Körper.

Wenn wir eine Methode kennen, bei der beim Verlassen des Körpers die Silberschnur unversehrt bleibt, kann die Seele den Körper verlassen und in andere Dimensionen gehen, ganz nach eigenem Willen, hin und zurück.

Wenn dann der tatsächliche Körpertod kommt, bedeutet das für uns nichts Neues, weil wir glauben, daß die Seele, die den Körper bewohnt, diesen zur Zeit des Todes verläßt.

Solange wir also dieses Leben haben, praktizieren wir eine Form von Meditation, durch die wir in die inneren Reiche eintreten können, durch die wir das Licht Gottes sehen können. Genauso aber, wie wir im Flugzeug einen Piloten brauchen oder ein Raumschiff, um in neue Räume vorzustoßen, brauchen wir auch einen spirituellen Lehrer, einen Reiseleiter, der uns auf unseren inneren Reisen führt, auf unseren Reisen in Reiche und Dimensionen, die sich in uns befinden.» (Siehe auch: Rajinder Singh, *Kraft der Seele*)

Austritt der Seele

Noch einmal ein Zitat aus dem *Mysterium des Todes* von Kirpal Singh, in dem er beschreibt, wie der Austritt der Seele an der Silberschnur im Leben durch die entsprechende Meditationsmethode vollzogen werden kann und mit welchen Erscheinungen dieser Austritt verbunden ist.

«Der todesähnliche Prozeß beginnt mit dem Zurückziehen der Sinnesströme vom Körper. Man hat nichts weiter zu tun, als sich ruhig, gelassen und ganz entspannt hinzusetzen, die Aufmerksamkeit am Augenbrennpunkt festzuhalten und sich in die Wiederholung der Namen Gottes («Simran», spezielle, von einem Meister oder Heiligen geladene Gottesnamen) zu vertiefen, die alle Zeiten hindurch den Impuls der Meister tragen und als Paßwort für die Bereiche des Jenseits dienen…

Anfangs ziehen sich die Sinnesströme zuerst von den Fingern und Zehen zurück, steigen hoch und durchqueren nach und nach die verschiedenen Körperzentren, von denen jedes der Bereich eines der fünf Elemente ist, aus denen sich der Körper zusammensetzt (Erde, Wasser, Feuer, Luft und Äther, entsprechend den ersten fünf Chakras, dem Basis-, Sexual-, Nabel-, Herz- und Kehlkopfzentrum). Nachdem sie über das Herzzentrum hinausgelangt sind, kommen sie zum Kehlzentrum, dem Sitz von *Shakti*, der Mutter des Universums, der alles durchdringenden Energie, wobei das ganze Körpersystem unterhalb der Augen empfindungslos wird; und schließlich erheben sie sich direkt zum Zentrum hinter den Augen.

An dieser Stelle werden die Sinnesströme gesammelt, finden Zugang zum Sitz der Seele, dem dritten Auge oder Einzelauge, und Einblick in *Brahmand*, das kosmische Universum.

Das ist die zehnte Öffnung im Körper, der einzige Einlaß (in die inneren, höheren, geistigen und ewigen Welten) über den neun Ausgängen (die in die äußere, materielle, sterbliche Welt führen, nämlich die beiden Augen, Ohren, Nasenöffnungen, Mund, Geschlechts- und Ausscheidungsorgan).

Dort (am dritten Auge) muß man anklopfen, um in die oberen Reiche aufgenommen zu werden, die größer und herrlicher sind, aus sich selbst leuchten und in denen wunderbare Melodien der himmlischen Musik erklingen, die in der (nun) zurückgelassenen physischen Welt nirgendwo gehört werden können. Diese (materielle) Welt ist jetzt nichts weiter als ein großes Elendsviertel voller Not und Leid. Sie verblaßt, wie *Platon* sagt, zu einem schwachen Abbild der Ideenwelt. Auf dieser Stufe ist der Mensch fürwahr gesegnet, da er zu der ätherischen Region, der Welt der Geistwesen Zugang hat.

Die Seele befindet sich nun an der Schwelle der Astralwelt in Gemeinschaft mit der strahlenden Lichtgestalt des Meisters...

Von da an leitet dieser die Seele auf der spirituellen Reise, die durch unzählige Regionen von unterschiedlicher spiritueller Erhabenheit führt: durch die astrale oder innere emotionale Ebene: die kausale oder instrumentale Ebene, die Saat-Welt oder Ideen-Ebene, die ewig fruchtbare Mutter mit zahllosen Schöpfungen, die in ihrem Schoß verborgen sind, die auch *Brahmand* genannt wird; dann in das überkosmische Jenseits oder *Par Brahmand*, die Ebene der Stille bzw. *Maha Sunn*; und schließlich zu *Sach Khand* oder *Sat Lok*, der Ebene der Wahrheit bzw. der Heimat der Seele, wo der formlose Eine weilt.

Er ist von unbeschreiblichem Strahlenglanz, Er ist das Meer des Bewußt-Seins, die erste Offenbarung bzw. Manifestation des höchstens Wesens, und wird in den alten Schriften auch als *Sat Purush* bezeichnet.

Dieser heilige Entwicklungsprozeß der Seele ist einfach, natürlich und erfordert keine beschwerlichen Übungen. Er erfordert auch keine Atemkontrolle oder *Pranayamas*. Die Meister haben diese seltene Methode entwickelt und Wissenschaft der Seele genannt (im Osten auch *Sant Mat* oder *Surat Shabd Yoga*. Sant Mat bedeutet in etwa Heilige Wissenschaft bzw. Pfad der Heiligen; Surat Shabd Yoga heißt Verbindung des Seelenbewußtseins mit der inneren Gotteskraft). Man kann sie am besten unter der sicheren und kompetenten Führung eines Meister-Heiligen erlernen, der mit der Theorie und Praxis des Lebensstroms völlig vertraut ist, der allen erschaffenen Dingen innewohnt und alles erhält.»

(*Das Mysterium des Todes*, Zusätze in Klammern sind Erläuterungen von mir.)

Daß es im Inneren mehr als einen einzigen Himmel gibt, und die Reise der Seele durch verschiedene Bewußtseinsstadien läuft, bestätigt Paulus in seinem 2. Brief an die Korinther:

Ich kenne einen Menschen in Christus, vor vierzehn Jahren... da ward derselbe entrückt bis an den dritten Himmel. Und ich kenne denselben Menschen... der ward entrückt in das Paradies und hörte unaussprechliche Worte, welche ein Mensch nicht sagen darf. (2 Kor 12,2-4)

Im Alter

Wie wird nun alles so stille wieder!
So war's mir oft in der Kinderzeit,
Die Bäche gehen rauschend nieder
Durch die dämmernde Einsamkeit,
Kaum noch hört man einen Hirten singen,
Aus allen Dörfern, Schluchten, weit
Die Abendglocken herüberklingen,
Versunken nun mit Lust und Leid
Die Täler, die noch einmal blitzen,
Nur hinter dem stillen Walde weit
Noch Abendröte an den Bergenspitzen,
Wie Morgenrot der Ewigkeit.

Joseph Freiherr von Eichendorff

Ars moriendi, Paris 15. Jahrhundert.

10.
Hilfen für Sterbende

Ein Freund ist kein wahrer Freund, wenn er seinen Bruder nicht in drei Situationen begleitet und schützt:
in seinem Unglück,
in seiner Abwesenheit
und bei seinem Tode.

Hadrat Ali

Der größte Dienst

Was wäre der größte Dienst, den ein Freund einem Sterbenden erweisen könnte?

Daß der Freund nicht stirbt?

Daß der Freund keine körperlichen Schmerzen leidet?

Daß der Freund ohne Angst gehen kann?

Daß wir ihm oder ihr still die Hand halten als Zeichen, daß, obwohl wir vielleicht nichts «tun» können, wir doch «da sind»?

Daß der Freund erlebt, daß er aus einem alten dunklen Raum in einen neuen hellen geht?

Daß der Freund erkennt, daß das Leben nicht zu Ende ist, sondern auf einer höheren Ebene weitergeht?

Daß man dem Freund direkt oder indirekt «Sterbehilfe» gibt?

Daß der Freund für seine Fehler und Unterlassungen im «Jenseits» nicht zur Rechenschaft gezogen wird?

Daß der Freund ins «Paradies» oder in den «Himmel» kommt?

Daß der Freund eine neue Chance in einem neuen Erdenleben bekommt, daß er sinnvoller, erfüllter, besser gestalten kann?

Daß der Freund zu «Gott» kommt?

Inwieweit können wir selbst helfen? Was kann nur eine höhere Kraft?

Bereits diese knappe Auswahl an möglichen Antworten macht deutlich, daß es vor allem eine Frage der Lebenseinstellung, der Lebensführung und der Weltsicht ist, was ein Freund für den Freund beim Sterben tun soll und kann.

Wer ist frei?

Ein König rief eines Tages seinen Oberpriester zu sich und sagte ihm: Du sprichst doch jeden Tag von Gott, über Gott, zu Gott. Auch ich möchte mit Gott sprechen. Ich gebe dir eine Woche lang Zeit, mir zu zeigen, wie ich mit Gott sprechen kann. Wenn dir das nicht gelingt, werde ich dich köpfen lassen, denn dann waren alle deine Reden nur leeres Geschwätz und deine Predigten und Gebete nur Heuchelei.

Dem Oberpriester wurde angst und bange. Als er nach Hause kam, war er bleich und zitterte am ganzen Körper. Seine kluge Tochter erkundigte sich, was vorgefallen war. Nach und nach rückte er mit der Sprache heraus. In einer Woche werde er sterben müssen – denn wie sollte er dem König ein Gespräch mit Gott vermitteln?

Die Tochter beruhigte ihn und bat ihn, nur sie machen zu lassen. Am verabredeten Tag ging sie mit ihrem Vater zum König und sprach zu diesem: Lieber König, bist du bereit, mich eine kurze Weile etwas tun zu lassen, bevor du meinen Vater auf die Probe stellst? Der König dachte bei sich, daß ein Aufschub von einer kurzen Zeit ja nichts ausmachen würde und willigte ein.

Die Tochter bat den König und den Oberpriester mit in den Schloßpark. Dort hieß sie beide Männer sich mit dem Rücken an einen anderen Baum zu stellen und band sie dann beide an ihrem Baum mit einem dicken Strick fest. Dann sagte sie zum König: Nun, verehrter König, sei bitte so gut und löse meinen Vater, den Oberpriester, von seinen Fesseln und binde ihn von seinem Baum los. Der König antwortete erstaunt und leicht ärgerlich: Tochter, wie soll denn das gehen, da du mich doch auch festgebunden hast und ich kein Messer in den Händen halte, um mich selbst zu lösen?

Das ist genau die Lage meines Vaters, erwiderte die junge Frau. Er predigt davon, daß es ein Wesen geben muß, das an keinen Baum gebunden ist, und betet, daß ein solches Wesen kommt, um unsere Fesseln zu lösen. Er weiß, daß es das «Messer» der Meditation gibt, und betet darum, daß er einen Menschen findet, der ihm dieses Messer in die Hände gibt, damit er sich und andere selbst befreien kann. Aber bis heute ist er genauso gebunden wie du.

Die Tochter des Oberpriesters band daraufhin beide Männer los und wartete auf den Richtspruch des Königs. Dieser erkannte, daß er seinem Oberpriester etwas aufgetragen hatte, was er nie und nimmer hätte erfüllen können, da er selbst ja noch nicht erleuchtet und ungebunden war. Der König machte sich sodann auf die Suche nach einem Erlöser. (Hazur B. Singh, *Mystic Tales of the East*)

Dieses und die beiden folgenden Kapitel ersetzen nicht die zahlreichen Anleitungsbücher, die aus der Begleitung von Sterbenden und Hinterbliebenen entstanden sind. Diese Kapitel können und wollen auch nicht die Erfahrungen aus der Hospizarbeit, der seelsorglichen Betreuung und der psychologischen Forschung darstellen. Sie sollen vielmehr nur einige sehr persönliche praktische Hilfen und Anregungen vorstellen, um hoffentlich manche Unterstützung in der Erfahrung und Begleitung zu finden.

Als, wie oben gesagt, sehr persönliche Ansicht zu diesem Thema, schlage ich ein bestimmtes Verhalten vor, je nach der Ebene, um die es geht. Das bedeutet ausdrücklich nicht, daß es damit «getan» wäre. Die Wünsche des Sterbenden, seiner Familie und der behandelnden Ärzte haben meist Vorrang, falls sie im Konflikt zu diesen Vorschlägen stehen sollten.

Hilfen auf der Körperebene

Waschen, Haare kämmen, pflegen, persönliche Hygiene durchführen, um den Selbstwert und das Gefühl der Würde des Sterbenden zu schützen. Auch ein Mensch im Angesicht des Todes möchte sich körperlich so wohl wie möglich fühlen und hat im allgemeinen auch ein Bedürfnis danach, ein angenehmes äußeres Bild zu zeigen.

Hilfen, aufzustehen, zu gehen, aus dem Fenster zu schauen, Anteil zu nehmen am äußeren Leben – um das Gefühl des Abgeschnittenseins zumindest zu lindern.

Licht, Sonnenlicht, warmes künstliches Licht, Kerzenschein – wie es der Abschied Nehmende möchte.

Linderung der Schmerzen, wenn sie da sind, soweit das medizinisch möglich und zulässig ist und soweit es der Sterbende möchte.

Eingehen auf besondere Wünsche bei Essen und Trinken, auch wenn es «medizinisch» vielleicht nicht optimal wäre.

Die größte Hilfe ist die Liebe,
Welche Form sie auch für Sie annimmt.

Hilfen auf der Gemütsebene

Spüren, ob der Mensch allein sein möchte oder lieber Gesellschaft hat. Spüren, ob er/sie lieber stille Gesellschaft hat, etwas vorgelesen oder erzählt haben oder selbst sprechen möchte – über Vergangenheit, Gegenwart oder Zukunft.

Spüren, ob er/sie an der Hand gehalten werden oder vielleicht sanft massiert werden möchte, ob man ihm/ihr liebevoll über's Gesicht streichen möchte.

Auf Wünsche eingehen, wie Nachrichten oder Bitten an andere Menschen zu übermitteln.

Besuchen, da sein, da bleiben, mit ruhiger Anteilnahme. Eigenen Schmerz nicht unterdrücken, aber auch nicht dramatisieren. Der Tod ist nach der Geburt das zweite, unglaubliche und einschneidende Ereignis, das uns sehr wohl bis tief in die Seele bewegt – und bewegen darf. Daß man darauf achtet, den Sterbenden nicht mit eigenen Ängsten noch zusätzlich zu belasten, versteht sich von selbst.

Die größte Hilfe ist die Liebe,
in welcher Form sie auch durch Sie fließen kann.

Hilfen auf der Seelenebene

Mit Menschen, die an Gott glauben, gemeinsam beten oder sie behutsam zum eigenen, stillen Gebet ermuntern.

Auf jeden Fall darf jedem Menschen angesichts des Todes gesagt werden, daß er/sie seine Aufmerksamkeit in der Stirn sammeln und auf den Bereich vor der Stirn richten möge und dabei einen Namen Gottes in Gedanken wiederholt. Das wird Schmerzen lindern, Ängste besänftigen und in den meisten Fällen einen Raum des inneren Lichtes offenbaren, aus dem Segen, Gnade, Hilfe und Liebe strömen. Für diese Übung gibt es keine Vorbedingung, man muß an nichts glauben, man muß sich nichts vorstellen oder ablehnen usw. (Die weiter hinten im Buch beschriebene Lichtmeditation ist als ausführliche Anleitung meistens zu lang, um sie Sterbenden in einer akuten Situation zu vermitteln. Deshalb hier die Aufforderung, zumindest die «Kurzversion» anzubieten.)

Zur Schöpferkraft um Einsicht beten, wie man dem Sterbenden und seiner Seele am besten helfen kann.

Die größte Hilfe ist die Liebe,
in welcher Form Sie Liebe auch geben können.

Wenn der Mensch im Koma ist

Im Falle eines Komas scheint der physische Körper Schmerzen nicht mehr bewußt zu erleben, und das Bewußtsein des Menschen macht sich nicht mehr in einem äußeren Ausdruck bemerkbar. Dennoch scheint es, nach den bisherigen Forschungen und Erfahrungen mit Menschen, die aus tiefen Komazuständen zurückkommen, sehr wohl weiter zu «funktionieren» und auf bestimmten Ebenen auch wahrzunehmen, mit welcher Energie Menschen um es herum hantieren, arbeiten, sorgen.

Liebe, Harmonie, eine Schwingung der geistigen Bewußtheit werden als besonders heilsam beschrieben. Wenn wir mit Menschen zu tun haben, die im Koma liegen, macht es oft Sinn, sich in ihrer Gegenwart so zu verhalten, als ob sie bei vollem Bewußtsein wären. Das heißt, daß man sie liebevoll anspricht, sich nach ihrem Befinden erkundigt, ihnen Gutes wünscht und Liebes sagt – auch dann, wenn sie nicht antworten und man sich selbst vielleicht etwas «blöd» vorkommt. Aber viele Patienten, die aus einem Koma zurückkommen, berichten eben – genauso wie solche, die Nahtoderlebnisse hatten –, daß sie sehr wohl wahrnehmen, was gesprochen wird. Eine Konsequenz daraus ist, daß wir auf jeden Fall vermeiden, abfällige oder negative Bemerkungen zu machen, wie, «na, ich glaub, er schafft es nicht mehr», oder, «sie bekommt ja sowieso nichts mehr mit, vielleicht ist es besser, die künstliche Beatmung abzustellen».

Können wir den Tod aufhalten?

Manche geistigen Lehren sprechen davon, daß die Atemzüge gezählt seien. Andere sagen, daß die Zahl der Herzschläge festgelegt sei, dritte meinen, daß die Anzahl der Jahre und Tage bestimmt wäre. Letztlich wird sich wohl nie exakt, logisch nachvollziehbar und allgemein gültig feststellen oder beweisen lassen, wie es damit steht. Eine alte Geschichte aus dem Orient schildert eine Antwort auf diese Frage. Sie wird immer wieder in einer neuen Gestalt, mit anderen Namen und in unterschiedlichen Ausschmückungen erzählt. Sie spricht in mir sehr tief im Herzen etwas an, was mir als wahr erscheint.

Der König und der Tod

Ein großer König befragte seine Weisen, wie lange er noch zu leben habe. Alle bis auf einen seiner Berater versicherten, daß ihm noch ein langes und glückliches Leben beschieden sei. Der König befragte den einen Weisen, der stumm geblieben war, warum er seinen Brüdern des Wissens nicht zustimme. Der so Angesprochene sagte, daß er am morgen, als er auf dem Markt Gemüse einkaufen gegangen war, den Todesengel gesehen habe, wie dieser zwischen den Menschen – die ihn allerdings nicht wahrzunehmen schienen – wie suchend einherging. Als er den schwarz und silber gekleideten Boten des Todes fragte, wen er suche, hatte dieser geantwortet: Ich bin beauftragt, morgen deinen König abzuholen. «Deshalb, Eure Majestät, habe ich auf Eure Frage geschwiegen.»

Der König erbleichte und erschrak bis ins Mark. Die anderen Berater erhoben ihre Stimme gegen den Überbringer dieser Unglücksbotschaft und bezeichneten sie als reines Hirngespinst. Der König spürte jedoch, daß der eine Weise ihm die Wahrheit gesagt hatte. Er fing an zu überlegen, was zu tun sei, und kam auf einen Plan. Er rief eine ungeheuer große Belohnung für den Mann aus, der einen Tag lang in seinen, des Königs Gewändern auf seinem, des Königs eigenen Pferd, in der Stadt umherritte und als König einen Tag lang nach dem Rechten schaue.

Es dauerte nicht lange, bis sich ein geeigneter Kandidat fand, der bis zum nächsten Tag mit allen Insignien der königlichen Würde ausgestattet und ausstaffiert wurde. Er würde den ganzen nächsten Tag lang die Stadt rund um den Königshof durchreiten und inspizieren.

Der König verkleidete sich derweil als einfacher Boten, sprang auf das schnellste Pferd aus seinem reichen Stall und wollte noch in der Nacht an einen fernen Ort entfliehen. Als er über die Marktstraße ritt und auf das Stadttor zu, trat eine schwarz-silbern gekleidete Gestalt hinter einem Stand hervor, blickte ihn ungläubig an und hob ihre Hand.

Voller Schrecken meinte der König, daß dies der Todesengel sei, der ihn trotz seiner Verkleidung erkannt habe und nun greifen wollte, wandte sein Pferd um, gab ihm die Sporen und galoppierte so schnell das Pferd nur konnte durch das gegenüberliegende Stadttor davon. Er gönnte sich und dem Pferd keine Pause – noch vor dem ersten Morgenrot wollte er die Grenzen seines Königreichs hinter sich gelassen haben und unerkannt in der großen Stadt seines Nachbarn untergetaucht sein. Dort müßte er nur den einen Schicksalstag lang abwarten, und könnte dann sicher wieder in sein Reich zurückkehren.

Der Morgen brach an, die Sonne tauchte die Nachbarstadt in ihr goldenes Licht, auf dem Markt hob ein geschäftiges Treiben an. Der König kam erschöpft dort an, suchte nach einer Tränke für sein Pferd und einer Bank im Schatten eines Baumes, auf der er sich bei einem Glas Wasser würde ausruhen können.

Noch ganz außer Atem setzte er sich nieder und hob das Glas Wasser an seine Lippen, als hinter dem Baum ein Fremder herzutrat, der mit einem schwarzen Umhang und einem silbernen Turban bekleidet war. Der König erzitterte, als der Fremde zu ihm sprach: «Ich habe mich schon gewundert, warum ich dich gestern auf deinem Marktplatz gesehen hatte. Du dachtest wohl, ich wollte nach dir greifen, aber ich war nur erstaunt, dich in den Kleidern eines Boten zu sehen, und das weit entfernt von dem Ort, wo wir heute unsere Verabredung hatten. Ich konnte mir gar nicht vorstellen, wie du so schnell würdest hier sein können.» Mit diesen Worten nahm der Todesengel den König mit dorthin, woher wirklich noch keiner zurückgekehrt war.

Lies, was du lesen sollst. Sieh, was du sehen sollst.
Handle, wie du handeln sollst. Fühle, was du fühlen sollst.
Bis du all diese Dinge tun kannst, folge dem Steuermann.
Wenn du all diese Dinge tun kannst, muß man dir nicht sagen: Folge dem Steuermann.

Omar Khayyam

Die Zeit geht schnell

Lieb Vöglein, vor Blüten
Sieht man dich kaum!
Vom dämmernd beglühten
Flüsternden Baum,
Wann von blitzenden Funken
Sprühn Täler und Quell,
Singst du frühlingstrunken –
Aber die Zeit geht schnell.

Wie balde muß lassen
Sein' Blätter der Wald,
Die Blumen erblassen,
Die Gegend wird alt,
Erstarrt ist im Eise
Der muntere Quell –
Rüst die Flügel zur Reise,
Denn die Zeit geht schnell!

Joseph Freiherr von Eichendorff

Caspar David Friedrich, Hünengrab im Schnee, um 1807.

11.
Eigene Trauerarbeit

Und wieder ist ein Jahr vergangen
noch immer bin ich in Hut und Wanderschuhen.

Basho, Japanischer Dichter

Trauere nicht. Unglück geschieht den weisesten und besten Menschen. Der Tod kommt immer zur falschen Jahreszeit. Er ist das Gebot des Großen Geistes, und alle Völker und Menschen müssen gehorchen. Was vergangen ist und was nicht verhindert werden kann, sollte nicht beklagt werden... Unglück sprießt nicht vor allem in unserem Leben – es gedeiht überall.

Big Elk, Omaha-Häuptling

Bei der Nachricht vom Tod eines Freundes

Schnell welkt das Vergängliche.
Schnell stieben die verdorrten Jahre davon.
Spöttisch blicken die scheinbar ewigen Sterne.

In uns innen der Geist allein
Mag unbewegt schauen das Spiel,
Ohne Spott, ohne Schmerz.
Ihm sind «vergänglich» und «ewig»
Gleich viel, gleich wenig…

Aber das Herz
Wehrt sich, glüht auf in Liebe
Und ergibt sich, welkende Blume,
Dem unendlichen Todesruf,
Dem unendlichen Liebesruf.

Hermann Hesse

Zeit

«Eins, zwei, drei, im Sauseschritt, eilt die Zeit, wir eilen mit.» Das ist ein Spruch entweder von Morgenstern oder von Ringelnatz, ich erinnere mich leider nicht mehr. Eilen wir durch das Leben, ohne innezuhalten? «Das ist ein armer Mensch, der nicht wenigstens eine Stunde am Tag für sich», mahnt eine orientalische Weisheit. Nehmen wir uns also Zeit für uns selbst.

Vielleicht wollen Sie sich die Zeit nehmen, einmal aufzuschreiben, welche Gefühle der Verlust des lieben Menschen in Ihnen auslöst. Am Anfang quillt möglicherweise eine kaum zu kanalisierende Flut an

Gefühlen und Gedanken empor, die ihr Herz noch trauriger stimmt als zuvor. Aber schreiben Sie eines Tages einfach einmal nieder, was Sie ganz besonders bewegt. Und suchen Sie sich dann einen Freund oder eine Freundin, mit der Sie das in Ruhe besprechen. Sie werden spüren, daß es Ihnen leichter ums Herz wird.

Aktivitäten entwickeln

Eine Hauptgefahr für Hinterbliebene, die selbst schon fortgeschrittenen Alters sind, wenn ihr/e PartnerIn verstirbt, besteht darin, völlig lustlos zu werden. Man hat kaum noch Appetit, man nimmt nicht mehr Anteil an Familie, Kirche, Verein oder den bislang üblichen gesellschaftlichen Bezügen. Zeitung oder Fernsehen interessieren nicht mehr, man stellt Spaziergänge ein, läßt sportliche Betätigung schleifen oder ganz weg und so fort.

Selbstverständlich kann auch eine bewußt geförderte Aktivität den Verlust nicht wettmachen, aber sie kann über depressive Stimmungen und Resignation hinweghelfen. Sie kann die Selbstaufgabe verhindern, die mit Sicherheit weder «Schicksal» noch «Gottes Wille» noch «karmische Vorherbestimmung» ist.

Es ist sogar ziemlich gleich, welche Tätigkeiten man entwickelt; Hauptsache, daß man überhaupt etwas tut: aus dem Haus geht, sich ins Café setzt, Vorträge oder Konzerte besucht, bei Vereinen mitmacht... Das klingt sehr simpel, und ist es auch. Man muß es nur tatsächlich tun. Für sich selbst!

Dankbarkeit entfalten

Eine Frau Anfang Vierzig verliert nach etwa zwanzigjähriger erfüllter Ehe ihren Mann durch ein schweres Leiden. Sie ist wie am Boden zerstört. Sie hat Mühe, sich wieder «aufzurappeln». Fragen wie, warum? Warum gerade er? Warum gerade ich? bewegen sie. Ja, es ist schwer, über den Tod eines geliebten Menschen «hinwegzukommen». Gibt es dabei überhaupt eine «Schokoladenseite»? Vielleicht doch: Wer hat schon das große Glück, eine zwanzig Jahre dauernde, im wesentlichen erfüllte und glückliche Ehe zu erleben? Wäre es «besser» gewesen, wenn sie mehrere kürzere Partnerschaften gehabt hätte, ohne diese tiefe seelische Bindung, die den Verlust ja besonders leidvoll macht? Ist das Glas «halbleer» oder «halbvoll»?

Dankbarkeit für das, was wir erfahren durften, kann ihren Ausdruck dann darin finden, daß wir anderen Menschen helfen, die leiden. Menschen, denen es auch schlechtgeht oder sogar schlechter, die auch einen Tod zu beklagen haben oder sich in einer schwierigen sozialen oder emotionalen Lage befinden. Das können Nachbarn oder Freunde sein, Mitglieder der Kirche oder Patienten im nächsten Krankenhaus, Kinder in der nächsten Krippe oder andere Menschen, die unseren Weg kreuzen. Die Zuwendung zu einem Mitmenschen, der noch mehr leidet als wir, erweist sich fast immer als ein besonders wirksamer Balsam für die Seele.

Bilderübung

Eine weitere Übung, mit den Gefühlen und Gedanken besser klarzukommen, die sich rund um den Tod eines geliebten Menschen bilden, besteht darin, sich bewußt in archetypische Bilder des Lebens und des Todes meditativ zu versenken.

Es geht um die Tarotkarten, um die 22 großen Arkana. Ich empfehle, daß Sie drei oder vier verschiedene Tarotkartenspiele so zueinanderlegen, daß jeweils die Magier, die Karten mit der Zahl 1, dann die Hohepriesterinnen, die Karten mit der Zahl 2, usf., auf einen Blick erfaßt werden.

Sinnvoll wäre es, wenn Sie ein *Rider-Waite*-Spiel, ein *Crowley*-Set, ein *Tarot der Liebe*, ein *Marseiller*-Tarot und ein *Tarot der weisen Frauen* haben bzw. sich von Freunden ausleihen. Das ist auch eine gute Anregung für einen gemeinsamen besinnlichen Nachmittag oder Abend.

Vertiefen Sie sich nacheinander in die Darstellungen zu den Archetypen, die von 1 bis 21 durchnummeriert sind. Lassen Sie sich ein auf die unterschiedlich fröhlichen oder düsteren, aktiven oder passiven, mystischen oder naiven Bilder und Ihre eigenen Assoziationen dazu.

Wenn Sie zur Karte 13, «Der Tod», kommen, beobachten Sie genau, wie Sie auf die verschiedenen Darstellungen reagieren. Was löst das Skelett, der Sensenmann in Ihnen aus? Und was «Die Verwandlung» im «Tarot der Liebe», das kein Skelett und auch keine zerstückelten Leiber zeigt, sondern die Metamorphose einer schwarz gekleideten knieenden weiblichen Gestalt in einen sich gen Himmel aufschwingenden Seelenvogel.

Gehen Sie dann weiter bis zur Karte 21, und legen Sie sich 3 Fragen vor:

Welche Karte stellt am besten meine Einstellung zum Tod dar, so, wie ich jetzt tatsächlich fühle?

Welche Karte stellt jene Haltung dar, die ich gegenüber dem Tod am liebsten hätte?

Und welche Karte schließlich repräsentiert die Kraft, die mir dabei helfen wird, einen natürlichen und positiven Umgang mit dem Tod zu entwickeln?

Leben als Pilgerschaft

Meister Yän sprach: Wie schön dachten die Alten vom Tode! Die Guten bringt er zur Ruhe, die Schlechten bringt er zur Unterwerfung. Der Tod ist die Rückkehr des Wesens. Die Alten nannten die Verstorbenen Heimgegangene. Wenn man von den Verstorbenen als von Heimgegangenen redet, dann sind die Lebenden Wanderer. Wer wandert und weiß nicht wohin, ist heimatlos. Wenn ein einzelner Mensch seine Heimat verloren hat, so hält das die ganze Mitwelt für unrecht. Nun, da aber die ganze Welt ihre Heimat verlor, gibt es niemanden, der das unrecht fände. (*Liä Dsi*)

Die Welt mit ihrem Gram und Glücke
Will ich, ein Pilger, froh bereit
Betreten nur wie eine Brücke
Zu dir, Herr, übern Strom der Zeit.

Joseph von Eichendorff

Was ist im Leben festgelegt?

Niemand, der im Bereich des Gemüts wirkt, also innerhalb der karmischen Grenzen, kann den Lauf des Lebens verändern. So etwas wie einen «zu frühen» Tod gibt es nicht. Nur Heilige, die von der rein spirituellen Ebene aus wirken und damit dem karmischen Gesetz nicht unterliegen, haben die

Vollmacht und Fähigkeit, den Lebenskurs (von anderen) zu ändern. Deshalb gehen wir ja zu Ihnen, um vollständige und immerwährende Erlösung zu erlangen.

Hazur Baba Sawan Singh

«Es gibt Dinge, über die der Mensch keine merkliche Kontrolle hat:

1. Die Süße und Bitternis des Lebens mit all den angenehmen und unangenehmen Dingen.
2. Fülle, Wohlstand und Macht bzw. Not, Armut und Ohnmacht.
3. Ansehen und Prestige, allgemeine Bekanntheit oder völlige Anonymität.

All dies sind die natürlichen Begleiterscheinungen des Erdenlebens, die kommen und gehen, wie es (durch Schicksal bzw. Karma) vorherbestimmt ist. Alle menschlichen Bemühungen sind darauf ausgerichtet, eine oder mehrere Annehmlichkeiten des Lebens zu erlangen und das Bittere zu umgehen, ohne daß man erkennt, daß das Leben selbst vorüberzieht wie eine Wolke, ein Schatten ohne Substanz, eine Fata Morgana oder ein Irrlicht. Immer flüchtig, entzieht es sich dem achtlosen Pilger im brennenden Wüstensand der Zeit.

Die Meister-Heiligen machen der Seele durch Lehren, Vorbild und praktische Hilfen die trügerische Natur der Welt und alles Irdischen deutlich und offenbaren in ihm die ewige Quelle des Lebens, die, wenn sie gefunden ist, ihn bis ins Mark und die innersten Fasern seines Wesens durchdringt und ihn fähig macht, das Leben selbst mit Freuden aufzugeben.»

(Kirpal Singh, *Karma – das Gesetz von Ursache und Wirkung*)

Engelsfigur auf einem Grab des alten Friedhofs in Freiburg i.Br., 19. Jahrhundert.

12.
Hilfen für Hinterbliebene

Auf meines Kindes Tod

1

Was ist mir denn so wehe?
Es liegt ja wie im Traum
Der Grund schon, wo ich stehe,
Die Wälder säuseln kaum

Noch von der dunklen Höhe.
Es komme wie es will,
Was ist mir denn so wehe –
Wie bald wird alles still.

2

Das ists, was mich ganz verstöret:
Daß die Nacht nicht Ruhe hält,
Wenn zu atmen aufgehöret
Lange schon die müde Welt.

Daß die Glocken, die da schlagen,
Und im Wald der leise Wind
Jede Nacht von neuem klagen
Um mein liebes, süßes Kind.

Daß mein Herz nicht konnte brechen
Bei dem letzten Todeskuß,
Daß ich wie im Wahnsinn sprechen
Nun in irren Liedern muß.

3

Von fern die Uhren schlagen,
Es ist schon tiefe Nacht,
Die Lampe brennt so düster,
Dein Bettelein ist gemacht.

Die Winde nur noch gehen
Wehklagend um das Haus,
Wir sitzen einsam drinne
Und lauschen oft hinaus.

Es ist, als müßtest leise
Du klopfen an die Tür,
Du hättst dich nur verirret,
Und kämst nun müd zurück.

Wir armen, armen Toren!
Wir irren ja im Graus
Des Dunkels noch verloren –
Du fandst dich längst nach Haus.

4

Dort ist so tiefer Schatten,
Du schläfst in guter Ruh,
Es deckt mit grünen Matten
Der liebe Gott dich zu.

Die alten Weiden neigen
Sich auf dein Bett herein,
Die Vöglein in den Zweigen
Sie singen treu dich ein.

Und wie in goldnen Träumen
Geht linder Frühlingswind
Rings in den stillen Bäumen –
Schlaf wohl mein süßes Kind!

5

Mein liebes Kind, Ade!
Ich konnte Ade nicht sagen,
Als sie dich fortgetragen
Vor tiefem, tiefem Weh.

Jetzt auf lichtgrünem Plan
Stehst du im Myrtenkranze,
Und lächelst aus dem Glanze
Mich still voll Mitleid an.

Und Jahre nahn und gehn,
Wie bald bin ich verstorben –
O bitt für mich da droben,
Daß wir uns wiedersehn!

Joseph Freiherr von Eichendorff

Trauer, Unverständnis und Aufbegehren über das schwere Los des Verlustes, Einsamkeitsgefühle, Resignation sind typische Empfindungen nach dem Tod eines lieben Mitmenschen. Können wir einem anderen Menschen darin überhaupt helfen? Vielleicht zwar nicht bis in die tiefsten Tiefen seines Schmerzes, aber doch immerhin durch mitmenschliche Anteilnahme, durch Mitgefühl (nicht durch Mit-Leid, weil wir dann selbst selten die Kraft zur echten Hilfe aufbringen).

Hilfe für Hinterbliebene besteht darin, daß wir uns Zeit für Gespräche nehmen. Wenn ein Besuch nicht möglich ist, können wir anrufen oder schreiben. Wenn Ihnen jetzt gerade, während Sie diese Zeilen lesen, ein Mensch einfällt, der einen Tod zu beklagen hatte und dem Sie eigentlich schon lange ein paar Worte der Anteilnahme und des Trostes haben mit-teilen wollen, so tun Sie es.

Legen Sie das Buch aus der Hand – es ist wichtiger, daß Sie diesem Menschen ein Zeichen geben: *Es gibt nichts Gutes, es sei denn, man tut es.* Was ist das

Gute, das Sie dem Hinterbliebenen schenken können? Bitten Sie um Hilfe von oben oder innen, das Rechte zu erkennen und zu tun.

«Remember your humanity – and forget the rest!»

«Erinnert euch eures Menschseins und eurer Menschlichkeit, und vergeßt alles andere.» Das ist das Motto der Einstein-Russell-Medaille, die für Verdienste der Brüderlichkeit vergeben wird im Andenken an den Physiker und Humanisten Albert Einstein und den Mathematiker und Humanisten Bertrand Russell.

Mensch-Sein... ein Mysterium, unendliches Staunen, grenzenlose Geheimnisse, und doch immer wieder neues Licht – scheinbar aus dem Nirgendwo. Lassen wir uns in das Mysterium ein, tiefer, noch tiefer – wir können ja sowieso nicht «aussteigen». Unser Los, unser Schicksal, unsere Gnade ist, jetzt und hier Mensch zu sein. Lassen wir das Beste des Mensch-Seins aus uns ausstrahlen...

Eine Frau kommt zum Buddha

Eine Frau kam zum Buddha, weinend, mit leidverhärmtem Gesicht. «Meister, hilf mir», rief sie, «mein einziger Sohn, mein einziges Kind ist gestorben.

Nun habe ich keine Stütze mehr in meinem Alter, bin einsam und verlassen. Erwecke meinen Sohn wieder zum Leben, sonst muß ich selbst Hand an mich legen.» Buddha versuchte sie zu trösten, so gut es ging. Die verzweifelte Frau konnte oder wollte sich aber nicht trösten lassen. Immer wieder beklagte sie ihr Schicksal und flehte den Buddha an, mit seinen geistigen Kräften ihren Sohn wieder lebendig zu machen. Der Buddha sagte, daß er ihr nicht helfen könne, jedoch bereit sei, sie in die Mysterien des Lebens und Sterbens und des ewigen Lebens einzuweihen, und daß sie so ihren Kummer werde überwinden können. Davon wollte die Frau jedoch nichts hören, und sie fuhr mit ihrem jammervollen Flehen um die Wiederauferstehung ihres Sohnes fort.

Der Buddha ging schließlich auf ihre Bitten ein und sagte:

«Gut, liebe Schwester. Ich kann dir helfen, deinen Sohn lebendig zu machen, jedoch nur dann, wenn du mir Senfkörner aus einem Haushalt bringst, in dem noch kein Mensch gestorben ist.»

Voll neuer Hoffnung machte sich die Frau auf den Weg, klopfte beim ersten Haus in der Straße an und trug ihre Bitte vor. «Ach, gern geben wir dir von unseren Senfkörnern, gute Frau. Aber leider hat gerade in der letzten Woche unsere Tante hier in diesem Hause ihren letzten Geist ausgehaucht.» Bei jedem der folgenden Häuser traf die Frau auf Mitgefühl und Opferbereitschaft – aber in jedem war der eine oder andere Todesfall früher oder kürzlicher zu beklagen gewesen.

Schließlich kam sie zum Buddha zurück, mit leeren Händen, ohne die erforderlichen Senfkörner. Er fragte sie: «Bist du jetzt bereit, in die Mysterien des Lebens und Sterbens und des ewigen Lebens eingeweiht zu werden?» Nun war sie es.

Abschiedsworte von F. W.-Q.

Der Ruf ist gekommen. Ich nehme Abschied.
Mein Abschied ist ein großer Dank
an all jene, die mir durch ein freundliches Wort
oder durch einen herzlichen Händedruck
Licht in den Tag brachten.

Ich danke auch allen Freunden und Bekannten,
die mich an ihrer Freude und an ihrem Leid
teilnehmen ließen.
Besonders danke ich meiner über alles geliebten Familie,
deren Dasein meinem Leben Sinn und Erfüllung gab.

Vor allem aber sei DEM Dank, der es mir gab,
so viele Wunder der Natur zu erleben
und alles Schöne und Schwere meines Lebens
als Kostbarkeit anzunehmen.

DANK SEI IHM – SEIN WILLE GESCHEHE!

Das Tao des Lebens und des Todes

Das Unbedingte, ewig Zeugende ist das Tao, der SINN. Daß das im Leben gegründete Leben nicht aufhört, ist ewiges Gesetz. Tod, der aus Leben kommt, ist Unglück.

Daß das Bedingte ewig stirbt, ist ebenfalls das Tao. Leben, das aus dem Tode kommt, ist Glück.

Darum, was ohne Mittel Leben zeugt, heißt Tao, SINN. Wer dieses Tao lebt, findet Vollendung: das ist ewiges Gesetz.

Daß das stirbt, was der Mittel bedarf, ist ebenfalls das Tao. Wer dieses Tao auslebt, ist dem Tod verfallen; auch das ist ewiges Gesetz. (Bearbeitung eines alten taoistischen Textes.)

Der Tod eines Suchenden

Ein väterlicher Freund verstarb auf eine ganz besonders sanfte Weise. Er war anfangs der siebziger Jahre, hatte ein reich erfülltes Leben geführt, in mehreren Bereichen öffentlich beachtete Erfolge erzielt und war immer noch aktiv – mit einer interessanten und erfolgreichen Berufstätigkeit. In einem der letzten Spätherbste saß er mit seiner lieben Frau abends beisammen. Ein Projekt war gerade gut abgeschlossen worden, für ein neues war mit der Post ein Vertrag gekommen. Die beiden Eheleute wollten darauf mit einem Gläschen Sekt anstoßen und dann zur abendlichen Entspannung noch einen guten Film im Fernsehen anschauen. Der Mann atmet ein bißchen tiefer aus und nickt anscheinend ein. Die Frau fragt ihn, ob er vielleicht zu müde sei, um Fernsehen zu schauen, aber er antwortet nicht. Sie fragt zwei-, dreimal, stößt ihn an und stellt zu ihrem Entsetzen fest, daß er wie leblos ist. Sie holt einen Arzt, der den Tod feststellt. So schwer nach vielen Jahrzehnten einer wunderbaren, lebendigen und fruchtbaren Ehe dieser Abschied des Mannes für die Frau war, betont der Arzt, daß das für den Mann ein so wundervoller Übergang war – ohne Leiden oder Schmerzen, ohne Angst, auf einem Höhepunkt seines Schaffens, seines Spätwerkes –, daß man dafür gar nicht dankbar genug sein könne. Dieser Mann hat in seine (früher schon vorsorglich geplante) Todesnachricht folgende Worte drucken lassen:

Ich habe meine Aufgabe für dieses Leben erfüllt. Jetzt wird meine Seele anscheinend woanders gebraucht.

Er starb nicht traurig und ließ durch seine Frau noch einmal alle grüßen, die ihm nahestanden.

Aus Ratschlägen für Trauernde von Prof. W. Schiebeler:

«Ich empfehle Ihnen auch, das (den Versuch der Kontaktaufnahme mit Verstorbenen) nicht anderweitig zu versuchen, weil Sie nie wissen, ob Sie wirklich mit Ihrem Mann in Verbindung kommen... Ihre verzweifelte Seelenlage überträgt sich auch auf ihn... Wenn Sie Ihrem Mann etwas Gutes antun wollen, dann geben Sie ihn innerlich frei. Bitten Sie Gott inständig im Gebet, daß er Ihrem Mann Helfer schicken möge, die ihm den rechten Weg in der jenseitigen Welt weisen, die ihm sagen, daß er sich hier auf Erden nicht mehr gebunden fühlen möge, und die ihn einer neuen Aufgabe entgegenführen. Sie können ihm nichts Schlimmeres antun, als wenn Sie wünschen, daß er feinstofflich neben Ihnen weiterleben möge.

Der Tod ist eine gewollte Trennung, die man nicht versuchen sollte, rückgängig zu machen. Man soll den Verstorbenen nicht vergessen, man soll in Liebe an ihn denken, aber ihm für seinen weiteren Lebensweg alles Gute wünschen und Gott bitten, daß er diesen Lebensweg gnädig gestalten möge.

Meine Frau läßt Ihnen noch einen Rat geben: Räumen Sie Ihr Schlafzimmer um, und entfernen Sie das Bett Ihres Mannes. Bringen Sie damit zum Ausdruck, daß für alle Beteiligten ein neuer Lebensabschnitt begonnen hat...

Ich wünsche Ihnen Ruhe, Geborgenheit und seelischen Frieden für das Neue Jahr...

Nachtragen möchte ich noch, von allen Praktiken Abstand zu nehmen, durch die man gewollt mit dem Verstorbenen wieder in unmittelbare Verbindung treten möchte, durch die man ihn mit Nachdruck herbeirufen will. Dadurch zieht man ihn wieder von seiner neuen Lebensaufgabe ab und behindert ihn in seinem Fortkommen.»

Meister von Lucà, Raphael und Gabriel als Seelenführer, um 1200.

13.
Heilung der Seele

An Seinen Händen

Der Mensch lebt und besteht
Nur eine kleine Zeit,
Und alle Welt vergehet
Mit ihrer Herrlichkeit.
Es ist nur einer ewig und an allen Enden
Und wir an seinen Händen.

Matthias Claudius

Denke an den Tag, als du weinend in die Welt kamst,
zur Freude derer, die um dich waren;
lebe so, daß du lachend scheiden kannst,
während alle anderen weinen und klagen.

Kirpal Singh

Sprüche I

Schläft ein Lied in allen Dingen,
Die da träumen fort und fort,
Und die Welt hebt an zu singen,
Triffst du nur das Zauberwort.

Joseph Freiherr von Eichendorff

Hazur Baba Sawan Singh war Meister des inneren Wortes, des spirituellen Licht- und Tonstroms. Er gilt als der Begründer der spirituellen Renaissance von «Sant Mat», dem «Weg der Meister» bzw. der «Heiligen Wissenschaft». Obwohl er nie physisch in den Westen reiste, hatte er dort zahlreiche SchülerInnen und führte eine umfangreiche Korrespondenz mit ihnen. Er offenbarte Suchern nach der Wahrheit das himmlische Zauberwort, das die Seele aus ihren Banden befreit, das das dritte Auge für das schattenlose strahlende Licht und das innere Ohr für die ewigen heilenden Sphärenklänge öffnet. In seinen Briefen gab er tiefgründige Hinweise, auch zu Fragen nach dem Tod. Der nachstehende Text ist ein Auszug aus einem solchen Brief, der einige Aspekte im Zusammenhang mit Fragen nach dem Tod berührt.

Worte von Hazur

«Wir müssen diese Welt eines Tages verlassen, und wenn wir liebevolle Menschen und Eingeweihte eines wahren Lehrers sind und während dieser Lebenszeit die rechten Vorkehrungen getroffen haben, erleben wir nicht den Übergang, der allgemein Tod genannt wird. Während andere weinen, nehmen die spirituell entwickelten Seelen glücklich Abschied, glücklicher als sich eine Braut am Tage der Hochzeit von ihrer Familie verabschiedet.

Die Zeit des Todes ist in unserer Erfahrung eine sehr kritische, da unsere Freunde und Verwandten hilflos sind und uns keinerlei echten Beistand leisten können. Für jene, die eine Verbindung mit dem inneren göttlichen Licht erhalten haben, ist diese Zeit jedoch die allerglücklichste. Die strahlende Lichtgestalt des Meisters erscheint und nimmt die sich verabschiedende Seele mit sich und bringt sie an einen inneren Ort, der für ihre weitere spirituelle Reise am besten geeignet ist. Sie ist Kal (dem Richter) keine Rechenschaft schuldig…

Sie hat absolut keine Angst vor dem Tod. Die Gegenwart des spirituellen Meisters löst alle (eventuell noch bestehenden restlichen) weltlichen Bindungen, und so ist der Geist frei, die Reise nach oben anzutreten.

Betreffend dem Sehen von früher Verstorbenen zum Zeitpunkt des eigenen Todes: Manche Seele bleiben einige Zeit im astralen Bereich (wörtlich: «psychic realm», also «medialer Raum»), wenn sie den Körper verlassen haben, entsprechend ihres irdischen Karmas. Wenn Schüler eines kompetenten Lehrers den Körper beim Tod verlassen und der Geist nach oben gezogen wird, erhalten sie einen Blick auf diese astrale Ebene.

Auf dieser Ebene, in die Medien manchmal kleine Einblicke gewinnen, gibt es keinen spirituellen Fortschritt. Und jeder, der mit dieser Ebene Verbindung gehabt hat, kann sie beim Tode sehen oder auch schnell vorübergehende Blicke auf Freunde oder Verwandte werfen, die noch auf dieser Ebene sind. Er wird aber nicht jene sehen können, die bereits weitergegangen, noch solche, die reinkarniert sind.

Es stimmt nicht, daß A nach dem Tode von B diesen gesehen hat. Es handelte sich nur um eine Spiegelung aus A's eigenem Gemüt.

Wenn die Seele eines Eingeweihten aus dem Körper herausgeht, steigt sie sofort mit dem Meister nach oben...

Die Erinnerung an frühere Geburten wird im allgemeinen nicht gewährt, bis man (in diesem Leben durch entsprechende Meditationsfortschritte oder danach durch inneren Aufstieg) die zweite Ebene durchquert hat, die Kausalebene (in der sich die

Akashaaufzeichnungen befinden). Der Grund dafür ist, daß alte Verbindungen nicht wieder aufleben und den geistigen Fortschritt behindern sollen. Wenn die Seele indes die zweite Ebene durchquert hat, hat das Gemüt gelernt, sich unterzuordnen, und alte Erinnerungen stellen kein Risiko mehr dar. Dann gibt es Wissen über alle früheren Geburten, nicht nur über die eigenen, sondern auch über alle anderen.»

(Sawan Singh, *Spiritual Gems*, Zusätze in Klammern sind von mir; siehe auch Hinweise auf innere Ebenen, in: *Es steht geschrieben…*)

Mit jedem Atemhauch
muß ich mich vor meinem Freund verneigen,
Denn Seiner Gnade verdanke ich mein Leben.

Darshan Singh

Wie können wir die Seele heilen? Muß sie, die von Gott oder aus der schöpferischen kosmischen Urkraft kommt, überhaupt geheilt werden? Genaugenommen ist die Seele immer heil, immer ganz, immer heilig. Da sie sich ihrer eigenen Kräfte, ihres Ursprungs und ihres Ziels jedoch nicht (mehr) bewußt ist, leidet sie. Die Krankheit der Seele ist eine rein spirituelle Krankheit. Dieses Leiden kann nur spirituell geheilt werden: durch Selbsterkenntnis. Erst, wenn die Seele erkennt, daß sie es ist, die Körper, Gemüt und Verstand Kraft und Leben gibt, erst wenn die Seele erkennt, daß sie es ist, die ein ganz eigenes, vom Körper unabhängiges Bewußtsein hat, erst wenn die Seele erfährt, daß sie eine körperlose Wahrnehmung und eine körperlose Existenz besitzt, beginnt ihre «Heilung».

Ein Paradox: Wir sind in Wahrheit ewiges Licht, grenzenlose Liebe, schöpferisches Bewußt-Sein. Wir halten uns aber für klein – und sind es ja auch, solange wir uns vor allem auf der vergänglichen materiellen Ebene erleben.

Noch ein Paradox: Wir sind bereits das, was wir suchen. *Tat vam asi*: Du bist das! Gleichzeitig sind wir aber auf dem Weg dorthin, stolpern wir unsicher entlang, anstatt zügig auszuschreiten.

Ein drittes Paradox: Wir sind «Gottes Kinder» und müssen doch als «verlorene Söhne» direkt und allein zu ihm zurückfinden bzw. von Ihm geholt werden können. Aber gleichzeitig sagen uns die meisten Heiligen Schriften, daß wir nur durch einen Vermittler, Erlöser, Messias, Meister, Pir, Sat Guru, Sant usw. zu Ihm kommen können.

Kann ich diese Paradoxa auf der Mentalen Ebene erklären, gar lösen – für mich selbst, für Sie? Nein, leider nicht. Aber bis ich mehr weiß, nehme ich gern die Hilfe von Menschen an, die auf diesem Weg weiter sind als ich. Obwohl es eigentlich keines Weges bedarf, weil die Seele, das Selbst, ja immer schon «am Ziel» ist... aber das ist eben das unauflösbare Paradox...

Der Tod von Yogananda

Paramahansa Yogananda, die «große Seele der Seligkeit durch rechtes Yoga», ist der weltbekannte Autor von *Autobiographie eines Yogi.* Er widmete sich zeitlebens der Nächstenliebe und Gottesverehrung. Er verließ diese Welt im März 1952, nachdem er einen Vortrag in Los Angeles beendet hatte. Seine geistige Entwicklung manifestierte sich nicht nur während seines Lebens, sondern auf verblüffende Weise auch nach seinem Tode. Noch Wochen danach zeigte der leblose Körper keinerlei Anzeichen von Verwesung. Der Bestattungsdirektor von Glendale stellte eidesstattlich fest:

Die Abwesenheit irgendwelcher sichtbarer, wahrnehmbarer Anzeichen von Verwesung des toten Körpers von Paramahansa Yogananda ist der erstaunlichste Fall unserer Geschichte. Selbst zwanzig Tage nach dem Tode konnten wir keine körperliche Auflösung bemerken. Auf seiner Haut zeigten sich keine Anzeichen von Verfall, und in den Körperzellen fand keinerlei Austrocknung statt. Dieser Zustand der vollkommenen Erhaltung eines Körpers ist, soweit wir die Annalen von Friedhöfen kennen, ohne Bei-

spiel. Das Bestattungspersonal erwartete, nach der Einlieferung des Sarges durch den Glasdeckel hindurch die Zeichen der üblichen fortschreitenden Verwesung zu beobachten. Unser Erstaunen wuchs, als Tag um Tag verstrich, ohne daß der Körper irgendwelche sichtbaren Veränderungen zeigte. Yoganandas Körper befand sich offensichtlich in einem phänomenalen Zustand der Unzerstörbarkeit. Es war auch die gesamte Zeit hindurch kein Verwesungsgeruch festzustellen. Die Erscheinung von Yogananda war am 27. März, kurz bevor der Bronzedeckel über dem Sarg befestigt wurde, genau dieselbe wie am 7. März. Er sah am 27. März genauso frisch und vom Verfall unberührt aus wie am Abend seines Todes. Am 27. März konnte man mit keinem Wort sagen, daß sein Körper irgendeine sichtbare physische Zersetzung erfahren hatte. Aus all diesen Gründen stellen wir erneut fest, daß der Fall von Paramahansa nach unserem Wissen völlig einmalig ist.

Wer Yoganandas Buch *Autobiographie eines Yogi* liest, wird beeindruckt sein von der Weisheit, Menschlichkeit und Liebe, die dieser Künder eines erneuerten geistigen Aufbruchs in seinem Alltagsleben verwirklicht hatte.

Die Heilung der Seele ist kein einmaliger Akt. Sie erfolgt nicht «auf Rezept». Selbst die Begegnung mit einem Meister-Heiligen höchster Ordnung bringt im Regelfall nicht die sofortige Erleuchtung und Erlösung! Haben Menschen, die einem Buddha oder Jesus, einem Mohammed oder Kabir begegnet waren, sofort zum göttlichen Bewußtsein gefunden? Haben sie sich unmittelbar als göttlichen Funken wiedererkannt? Es braucht Zeit, bis die Seele ihre eigene Essenz entdeckt. Dazu gibt es ein hübsches Bild:

Die Heilung der Seele gleicht dem Unterfangen, ein kostbares Seidentuch, das sich über einem Rosenstrauch verfangen hat, vorsichtig so davon zu lösen, daß die Seide nirgendwo zerreißt. Dort, wo das Tuch über einer Blüte liegt, ist das einfach. Wo es sich aber in Dornen verhakt hat, braucht es behutsame Sorgfalt, das Seidentuch zu lösen, ohne es einzureißen.

Das Seidentuch ist bereits vollständig in seiner ganzen Schönheit vorhanden. Es muß nicht erst gewebt werden. Die Seele existiert bereits, das Selbst ist immer da. Nun besteht unsere Aufgabe darin, es vom Rosenstrauch der Welt so zu lösen, daß es nicht zerreißt. Damit ist keine negative Bewertung der Welt verbunden. Wir bewerten ja auch den Rosenstrauch nicht als schlecht, weil er nicht nur Blüten, sondern auch Dornen trägt.

«Seid in der Welt, nicht von der Welt», sagte Meister Eckehart. Die Heilung der Seele besteht nicht in der Abkehr oder der Verurteilung der Welt, sondern in der Erfahrung, daß wir Geist sind, der eine Form seiner Existenz vorübergehend auf der Erde lebt. Damit die Seele zu sich selbst findet, muß sie bereits während des Lebens ihre Reise zum eigenen Ursprung antreten.

Heute werde ich endgültig aus dem Zentralgefängnis entlassen.

Der Meister Neem Karoli Baba am Tage seines Todes.

Arnold Böcklin, Die Toteninsel, 1886.

14.
Meditationsvorschläge

Bevor wir es merken, ist unser Leben zu Ende und es ist Zeit zu sterben. Wenn wir nicht das Fundament einer stabilen Übungspraxis haben, gehen wir hilflos in den Tod, voller Furcht und Angst.

Kalu Rinpoche

Am besten lernen wir eine solche stabile Übungspraxis von und mit einem Lehrer bzw. einer Lehrerin. Mit jemandem, der/die kompetent, seriös und liebevoll ist. *Das Buch der Meister*, das von mir im Spätherbst im Knaur Verlag München erscheint, gibt wichtige Hinweise dazu, wie man eine/n spirituellen Lehrer/in suchen und einordnen kann.

Da jedoch auch erste, kleinere Schritte in die richtige Richtung wertvolle Hilfen auf der Lebensreise sind, möchte ich Ihnen drei Übungsvorschläge machen, die sie auch ohne Lehrer/in ausführen können. Es gibt zu diesen Meditationen auch eine Tonaufnahme mit geführten, gesprochenen Meditationen und harmonischer Musik (siehe Anhang). Allerdings möchte ich bewußt noch einmal betonen, daß man meiner Ansicht und Erfahrung nach ohne eine kompetente Führung nicht so weit kommt, wie man vermutlich kommen möchte.

Gebetsmeditationen

Herr, ich weiß nicht, ob es Dich gibt?
Großer Geist, wie kann ich Dich spüren?
Große Mutter, wo finde ich Dich?

Maria, bitte für uns!
Christus, bitte für uns!
Buddha, bitte für uns!

Mutter Erde, Vater Himmel, Schwestern Sterne – weist mir den Weg in die Mitte des Herzens, in das Licht, das nie verlischt.

Gott, wie weiß ich, ob es Dich gibt?

Und wenn es Dich gibt, warum läßt Du den Schrecken dieser Welt und dieser Lebensläufe zu?

Und wenn wir Menschen es sind, deren Ichsucht, Machtgelüste, Habgier, Stolz und Grausamkeit dafür verantwortlich gemacht werden, warum hast Du uns so geschaffen, daß wir so werden?

Warum hast Du – der Du doch allwissend und allmächtig sein sollst – uns Menschen die Entscheidungsfreiheit, den freien Willen, die Wahlfreiheit gegeben, ohne uns die rechte Einsicht in Gut und Böse, Richtig und Falsch, mitzugeben?

Gott, warum hast Du uns Menschen so schwach geschaffen, daß wir ständig fehlen, uns selbst und anderen Schwierigkeiten bereiten – und das meist noch nicht einmal bemerken?

Der Mensch ist an Händen und Füßen an eine Planke gebunden und wird im stürmischen Meer hin- und hergeworfen. Gleichzeitig erhält er den ausdrücklichen Befehl, seine Kleider mit keinem Tropfen Wasser zu benetzen.

Khwaja Hafiz

Die Notwendigkeit zu essen und zu schlafen
und die Wünsche des Fleisches binden uns
durch tausend Versuchungen an den Körper.

Aus den Hindu-Schriften

Einerseits fordert unser Schöpfer von uns,
den Weg der Rechtschaffenheit zu gehen.
Andererseits hat er diesen Weg jedoch
mit allen nur möglichen Versuchungen übersät.

Hazrat Shamim Karhani

Was kann dieses Paradox auflösen, diese Not lindern? Wer kann uns aus dem Labyrinth dieses Erdenlebens voller fataler Verstrickungen herausführen?

Die Heiligen, Mystiker, die die innere Wahrheit sehen und das innere Licht, Erleuchtete, Meister, Adepten – nennen wir sie, wie wir wollen – sind unsere einzige greifbare Hoffnung. Sie können wir hören, mit ihnen können wir besprechen, ihren Rocksaum können wir berühren – der absolute Gott bleibt unsichtbar, fern, unnahbar, wie es scheint.

In dieser Welt wird jeder
von seinen eigenen Leiden verzehrt.
Nur Darshan teilt und lindert
die Sorgen seiner Mitmenschen.

Also können wir beten:

Gott, schicke Deine Heiligen auf diese ausgedörrte Erde, damit sie mit ihrer Liebe die Quelle des ewigen Lebens wieder fließen lassen und uns vor dem bitteren Los des zweiten Todes erretten. Sende uns Deinen Christus, Deinen Messias, Deinen Moshiach, Deinen Propheten, Deinen Buddha. Sende uns jene Heiligen, die Dich erfahren und Dich lieben und Dich hier auf Erden verwirklichen, damit sie auch uns auf den Weg der Liebe und des Lichts bringen mögen.

Umarme jeden Menschen als dein ganz eigen,
Und laß deine Liebe frei fließen, wohin du auch gehst.

Darshan Singh

Und wenn wir einem Heiligen oder Meister begegnen durften, können wir endlich direkt von Herz zu Herz, von Seele zu Seele bitten und beten:

«O Darshan, achte nicht auf meine Fehler und Verblendung, blicke nicht auf meine Verhaftung, übersieh gnädigst meinen Hochmut und mein Ich. Schütte Deinen Segen aus, denn ohne Deine Hilfe kann ich nicht aus meiner Haut heraus, kann ich die Grenzen von Körper, Gemüt und Verstand nicht überwinden, kann ich das Gefängnis meines Egos nicht verlassen und bin für immer verloren. Bitte schenke mir Deine Barmherzigkeit und Liebe, Deine Vergebung und Dein Licht. Bitte hilf mir, daß ich mich selbst als Seele, als Funken Gottes erkenne und daß aus diesem Erkennen ein Werden in die Wahrheit wächst. Ohne Dich, o Darshan, weiß ich nicht, wohin ich mich wenden soll.»

Ein Gottessohn, ein wahrer Heiliger, der eins ist mit Gott, ist das größte Geschenk, daß Gott seinen Geschöpfen machen kann. Denn mit seiner Hilfe gelangt die Seele zurück zu ihrem Schöpfer.

Sterbemeditation

Von allen Spuren ist die des Elefanten die größte;
von allen Meditationen ist die über den Tod
die größte.

Prinz Gautama (Buddha)

An dieser Stelle möchte ich Ihnen den Vorschlag machen, sich in einer Art Fragemeditation auf das Thema Tod einzulassen. Diese Übung ist hochwirksam, auch wenn sie in einem schlichten Gewand daherkommt. Es hängt dabei ganz viel von Ihrer Bereitschaft ab, auf die innere Stimme zu lauschen.

Diese Übung «Was stirbt?» dauert etwa 15 – 20 Minuten. Der Sinn der Übung ist, sich intensiv und gelassen zugleich auf das Thema Tod einzustellen und zu erlernen, damit positiv umzugehen.

Sie können die Übung im Sitzen oder im Liegen durchführen, wie Sie mögen. Lockern Sie sich erst ein bißchen, schütteln Sie sich aus. Diese Übung soll und wird Ihnen Freude bereiten – setzen Sie also keine «Leichenbittermiene» auf, nur weil unsere eingefleischten Assoziationen äußerlich in Richtung «schwarz», «Trauer» und «Tränen» und innerlich zu

«Angst», «Enger» und «noch mehr Angst» gehen mögen.

Erlauben Sie sich in der Übung jede Form der Gemütsregung, die sich in Ihnen ausdrücken will – sei es Weinen oder Lachen, Unsicherheit oder Selbstvertrauen, Erleichterung, ekstatische Freude…

Schließen Sie die Augen. Lassen Sie mit den ersten paar Atemzügen mit dem Ausatmen Tagessorgen los, entspannen Sie sich im Körper und im Geist…

Nun beginnen wir mit einer Folge von Fragen, die Sie sich nach und nach selbst vorlegen, ohne zu urteilen oder zu werten, welche Assoziationen, Bilder, Gefühle, Einsichten oder Reaktionen diese Fragen in Ihnen auslösen. Versuchen Sie gleichzeitig, sich öffnende Seele und stummer Beobachter zu sein.

- Spüre ich Schmerzen oder einen Verlust, daß jeden Tag, jede Minute viele kleine Zellen in diesem Körper sterben?…
- Spüre ich Freude oder einen Gewinn, daß jeden Tag, jede Minute viele kleine Zellen in diesem Körper geboren werden?…
- Spüre ich Schmerzen oder einen Verlust, daß jeden Tag, jede Minute sich alte Gedanken auflösen?…
- Spüre ich Freude oder Gewinn, daß sich stetig neue Gedanken bilden?…
- Spüre ich Leid, wenn Gefühle vergehen?…
- Spüre ich Freude, wenn Gefühle entstehen?…

- Ich denke an den Mond und seinen Kreislauf... Dunkelmond – Neumond – zunehmender Halbmond – Vollmond – abnehmender Halbmond... Neumond...
- Spüre ich den stetigen Fluß des Lebens?...
- Wo sehe ich mich darin?...
- Fühle ich mich getragen?... Fühle ich mich mitgerissen?...
- Möchte ich mich immer in diesem Strom befinden?...
- Wann möchte ich gern aus diesem Fluß heraussteigen?...
- Unter welchen Umständen?...
- Was möchte ich zuvor noch erledigen? Was ist mir wichtig?...

- Wenn ich noch zehn Jahre Zeit habe, in und mit diesem Körper zu leben, was ist mir dann wichtig? Was nehme ich mir dann vor zu erleben und zu tun? Wie will ich diese Zeit nutzen?

- Wenn ich noch ein Jahr Zeit habe, dieses Leben hier auf der Erde zu führen, was ist mir dann wichtig? Wenn es noch ein Jahr für mich hier auf dieser Erde mit diesem Körperleben gibt, wie möchte ich dieses Jahr sinnvoll verbringen?...

- Wenn ich noch einen Monat Zeit habe, bevor ich mich aus diesem Leben verabschiede, wie möchte ich diese Zeit am besten nutzen? Was ist mir für diese zwölf Monate wirklich wichtig?...

- Wenn ich noch eine Woche Zeit habe, in und mit diesem Körper auf dieser Erde, wenn ich noch sieben Tage Zeit habe, in diesem Leben zu verbringen, was hat dann Vorrang?...

- Wenn ich noch einen Tag zu leben habe, was fange ich mit diesen letzten vierundzwanzig Stunden am besten oder am liebsten an? Wie möchte ich diese letzte Erdenzeit in diesem Körper nutzen?...

- Wenn ich noch eine Stunde Zeit habe, was ist mir dann wichtig? Was will ich mit diesen letzten sechzig Minuten bis zum Abschied von diesem Körperleben machen?...

- Wenn ich noch eine einzige Minute Zeit habe, bevor dieses Erdenleben beendet ist, wie möchte ich diese kurze Spanne nutzen? Nehmen Sie sich wirklich jetzt eine ganze Minute Zeit, schließen Sie die Augen und spüren Sie tief in sich hinein bzw. hoch über sich hinaus, welche Einsichten oder Erfahrungen sich entfalten möchten...
- Möchte ich, kann ich diese eine Minute ganz gesammelt bleiben im Selbst, ganz in meiner Seele, ganz in der Schöpferkraft, ganz in Gott?...

- Wenn ich nun meinen Körper verlasse und gehe, wohin gehe ich? Was passiert?...
- Was empfängt mich auf der anderen Seite? Was sehe oder spüre ich?...
- Was wünsche ich mir jetzt?...
- Stellen Sie sich nun vor, daß Sie das, was Sie sich wünschen, auch wirklich erleben...

- Was war gestorben?...
- Was lebt weiter?...
- Welche Einsichten darf ich daraus gewinnen?...

Lassen Sie im zweiten Teil dieser Übung Ihrer «Phantasie» bitte völlig freien Lauf. Lassen Sie sich auf alle Bilder oder Gefühle ein, die jetzt auftauchen.

- Stellen Sie sich als nächstes vor, daß eine Stunde seit Ihrem Tode vergangen ist: Was passiert nun eine Stunde nach dem Tode? Wo sind Sie? Was sehen oder spüren oder machen Sie?

- Gehen Sie nun in der Vorstellung noch weiter in die Zukunft. Eine Woche ist vergangen: Was ist jetzt? Wo sind Sie? Was tun oder fühlen Sie?...

- Inzwischen ist ein ganzes Jahr vergangen seit dem Abschied aus diesem Körperleben: Was ist jetzt mit Ihnen? Was ist wichtig?...

- Jetzt sind schon zehn Jahre vorbei seit dem Tod: Wo sind Sie jetzt? Wer oder was sind Sie? Was erleben oder spüren Sie? Was spielt aus dieser Sicht eine Rolle im Leben?...

- Nun ist noch mehr Zeit vergangen, hundert Jahre ist es seit Ihrem Körpertod her: Was machen oder fühlen Sie? Wo befinden Sie sich jetzt?...

- Gehen Sie getrost noch weiter in die Zukunft. Es sind bereits eintausend Jahre seit dem Abschied aus diesem Körperleben verstrichen: Wo sind Sie dann? Als wen oder was erleben Sie sich?...

- Zum Schluß erlauben Sie sich, Hunderttausende von Jahren über Ihren Körpertod in die Ewigkeit hineinzuspüren: Wer sind Sie jetzt? Was spüren Sie? Was ist für das Leben hier und dort, früher und später, auf der Erde und im Jenseits, wirklich wesentlich?...

- Was wird in Zukunft wichtig sein für mein weiteres körperliches Leben?...

Beenden Sie dann diese Übung, indem Sie Ihrer inneren Führung oder den Geisthelfern oder Gott oder Ihrer Seele für die Offenbarungen danken, die Sie erleben durften.

Beschließen Sie die Übung mit ruhigem, vertieftem Atmen. Beachten Sie bewußt, wie Sie sich jetzt fühlen im Vergleich zur Zeit davor und während der verschiedenen Übungsphasen.

Hat sich Ihre Einstellung und Ihr Gefühl zum Tod *und* zum Leben verändert? Gibt es Bereiche, in denen Sie weiterarbeiten wollen? Gibt es Impulse, die Ihnen Lebensfreude und Selbstvertrauen vermitteln? Gibt es Hinweise, wie Sie Ihr Leben jetzt besser, erfüllter, reicher, intensiver, bewußter führen können bzw. sollen?

War Ihnen wichtig, Ihrer Familie und Freunden Ihre Zuneigung deutlicher zum Ausdruck zu bringen? Haben Sie ab einem bestimmten Zeitpunkt das Gefühl gehabt, daß die Zeit unter den Händen verrinnt und Sie etwas «verpaßt» haben? Haben Sie gespürt, daß es besser wäre, schon jetzt – ab sofort – mehr Augenmerk darauf zu legen, Sinn im Leben zu suchen bzw. zu verwirklichen, sich mehr um das Wesentliche zu kümmern?

Haben Sie gespürt, es wäre gut, mehr zu beten oder zu meditieren, heilige Schriften zu lesen, sich um Spiritualität zu kümmern, an sich selbst zu arbeiten?

Haben Sie, je näher es zum Sterben ging, Beklemmung oder Erleichterung gespürt? Sind Ihnen auf der anderen Seite Menschen begegnet, die Ihnen vertraut sind, oder Lichtgestalten?

Fanden Sie sich nach einer gewissen Zeit in einem neuen Erdenleben wieder? Falls ja, mit Angehörigen oder Freunden? Oder sind Sie in höhere geistige Dimensionen aufgestiegen?

Haben Sie nach einer gewissen Zeit nach dem Tode Einsichten gewonnen, die Ihnen hier und heute helfen können? Haben Sie vielleicht Gelassenheit, Stille, Frieden, Weite, Helle, Leichtigkeit oder etwas Ähnliches gefühlt?

Angelus Silesius hat im *Cherubinischen Wandersmann* manche dieser Gedanken in die Formen sehr einprägsamer Zweizeiler gefaßt. Hier fünf daraus:

Mensch, werde wesentlich! Denn wenn die Welt vergeht,
So fällt der Zufall weg; das Wesen, das besteht.

Nichts eigenes nimm mit dir,
willst du in Himmel kommen,
Nichts, als was allgemein, wird oben angenommen.

Mensch, wo du noch was bist, was weißt,
was liebst und hast,
So bist du, glaube mir, nicht ledig deiner Last.

Die Welt ist mir zu eng, der Himmel ist zu klein:
Wo wird doch noch ein Raum für meine Seele sein?

Im Meer ist alles Meer, auch's kleinste Tröpfelein:
Sag welche heil'ge Seel' in Gott nicht Gott wird sein?

Der Tod von Ramana

Ramana Maharshi, der Weise vom Berge Arunchala, ist einer der Lichtgestalten dieses Jahrhunderts gewesen. Er lehrte den Weg der stillen Einkehr und Erkenntnis mit den Suchfragen: Wer bin ich? Wer bin ich wirklich? Wer lebt? Wer träumt? Wer stirbt? Wer ißt? Wer hat Angst? Wer ist glücklich?

Als drei Jahre vor seinem Tode an seinem Arm ein Tumor auftauchte und manche vorschlugen, den Arm zu amputieren, sagte er nur:

Es gibt keinen Anlaß zur Sorge. Der Körper selbst ist eine Krankheit. Möge er sein natürliches Ende finden. Warum sollte man ihn verstümmeln? Ein einfacher Umschlag wird genügen.

Man operierte später zweimal, ohne zu amputieren, auch ohne Narkose, allerdings ohne anhaltende positive Wirkung. Er wurde gefragt, ob er denn keine Schmerzen bei der Operation spürte. Ramana antwortete:

Dies fühlt auch Schmerzen. Aber wie oft habe ich euch gesagt, daß ich nicht der Körper bin.

Kurz vor seinem Tode im April 1950 trauerten viele Anhänger angesichts des nahenden Endes, der großen Schmerzen des Ramana und des unsäglichen Verlustes, den sie durch den Tod ihres Meisters erleiden würden. Darauf sagte Ramana sehr eindringlich:

Sie glauben, daß dieser Körper Bhagavan (anderer Name für Ramana Maharshi) *sei und schreiben ihm Leiden zu. Was für ein bedauerlicher Irrtum. Sie sind verzweifelt darüber, daß Bhagavan sie verlassen und woanders hingehen würde, aber wohin sonst sollte er denn gehen und woanders sollte er denn sein, wo er nicht jetzt schon wäre?*

Ramana verließ diese Welt aufrecht sitzend, er öffnete seine glänzenden Augen und schenkte den um ihn herum Sitzenden ein letztes Strahlen seines inneren Lichtes. Er lächelte, eine einzige, beseligende Träne entquoll einem Auge, und er hörte einfach auf zu atmen. Still, friedvoll, ohne Stöhnen, Kampf oder Erstarrung, den oft üblichen Zeichen des Todes. Im Augenblick seines Übergangs, so berichten viele Augenzeugen, schien ein Komet am Himmel auf, der langsam seine Bahn über den Berg Arunchala zog und dahinter verschwand.

Lichtmeditation

«Meditation ist ein Vorgang der Konzentration und kann von Menschen aller Altersstufen, aller Religionen, aller Lebensbereiche praktiziert werden. Wir konzentrieren unsere Aufmerksamkeit an einem Punkt zwischen und hinter den beiden Augenbrauen, der als Sitz der Seele, Einzelauge oder Drittes Auge bekannt ist. Sammeln wir dort unsere Aufmerksamkeit, dann kommen wir mit einem Strom aus Licht und Klang in Verbindung, der uns in einen Zustand höheren Bewußtseins und des Friedens führt.

In jeder Religion findet man Hinweise auf eine Kraft, die vom Schöpfer ausging. Diese Kraft hat zwei Manifestationen: Licht und Klang. Dieser Strom geht von der Schöpferkraft aus und führt auch wieder zu seiner Quelle zurück.

Wenn wir unsere Aufmerksamkeit zum Sitz der Seele zurückziehen, können wir in diesen inneren Licht- und Klangstrom eintauchen. Durch diese Verbindung erlangen wir tiefen Frieden, Liebe und Glückseligkeit, Zustände, die viel beglückender und erfüllender sind als alles, was wir auf Erden kennen.

Setzen Sie sich in einer Haltung hin, die angenehm und bequem für Sie ist. Schließen Sie die Augen. Konzentrieren Sie Ihre Aufmerksamkeit auf den Bereich der Dunkelheit, der vor Ihnen liegt. Spannen Sie weder Stirn noch Augen an.

Sie schauen nun nicht mit Ihren äußeren Augen nach vorne; es ist vielmehr Ihr inneres Auge, das die Dunkelheit sieht. Schauen Sie fortwährend in die Mitte dessen, was Sie mit geschlossenen Augen vor sich sehen.

Damit das Gemüt den inneren Blick nicht beeinträchtigt und Gedanken schickt, wiederholen Sie irgendeinen Namen des Schöpfers, der Ihnen vertraut ist. Wiederholen Sie diesen Namen langsam, in Gedanken, nicht laut. Konzentrieren Sie sich weiterhin auf das, was vor Ihnen erscheint.

Durch diese Konzentration wird Licht hervorbrechen. Sie können Licht sehen – Licht in jeder beliebigen Farbe, weiß, golden, blau, rot, gelb, orange, violett usw. Sie können auch einen inneren Ausblick auf einen Sternenhimmel haben, auf einen Mond oder eine Sonne oder irgend etwas anderes.

Schauen Sie immer in die Mitte dessen, was sich gerade vor Ihnen befindet. Dieses Licht wird Ihnen Frieden geben. Meditieren wir nun für einige Augenblicke, und ich bete, daß jeder das erhält, was für ihn am besten ist.»

Diese Anleitung zur Lichtmeditation am dritten Auge stammt von Rajinder Singh, dem lebenden Meister des inneren Licht- und Tonstroms. Sie wurde mit freundlicher Genehmigung aus seinem Buch *Kraft der Seele* entnommen (siehe Anhang).

Inzwischen habe ich vielfach erleben dürfen, welchen Segen diese Lichtmeditation für Menschen aller Altersstufen und sozialen Schichten, aller Religionen und Kulturen mit sich bringt. Ich habe in zahlreichen Ländern bei Veranstaltungen mit bis zu mehreren hundert Teilnehmern/innen miterlebt, wie Men-

schen, die unter irgendeiner Not, unter Schmerzen, Sinnlosigkeit oder Kummer litten, durch die Verbindung mit dem inneren Licht eine neue Quelle von Frieden, Freude und neuer Lebenskraft in sich entdeckten. Zwei Beispiele sind mir in lebendiger Erinnerung.

Vor einigen Jahren telefonierte ich mit einer Heilpraktikerin im Rheinland, die ich persönlich noch nicht kennengelernt hatte. Sie erzählte mir von einer krebskranken Freundin, die sie pflegte, und daß diese Frau um die Vierzig große Angst vor dem Sterben und dem Auslöschen des Ichs durch den Tod habe. Ich fragte, ob diese Frau denn irgendeinen religiösen Bezug habe. Das hatte sie nicht, weil sie ganz ohne religiöse Anleitungen aufgewachsen war und eher sogar eine negative Einstellung hegte. Damit schied der Vorschlag, es mit einem Gebet zu versuchen, als wenig aussichtsreich aus. Ich erzählte der Heilpraktikerin dann von der Lichtmeditation am dritten Auge, die ich von meinen Lehrern gelernt hatte, und schlug ihr vor, diese Lichtmeditation ihrer Patientin doch weiterzusagen. Sie sollte das einfach einmal ausprobieren. Die Heilpraktikerin kannte diese Methode noch nicht und meinte, sie wolle sie ihrer Freundin anbieten.

Nach einigen Monaten hörte ich von der Heilpraktikerin folgendes: Sie hatte die kurze telefonische

Anleitung Ihrer Freundin weitergegeben und die hatte sich hingesetzt, um es zu versuchen. Nach einiger Zeit sagte die Freundin: «Du, warum hältst du mir denn eine Lampe vor den Kopf?» «Wieso, ich sitze genauso wie du mit geschlossenen Augen und habe keine Lampe in der Hand.»

Die Freundin machte die Augen auf – und erschrak bis in Mark und Bein. Keine äußere Lampe brannte, aber sie hatte ein strahlendes Licht gesehen. Sie war einige Tage wie verstört, weil sie sich nicht erklären konnte, woher das innere Licht gekommen war. Dann nahm sie die Lichtmeditation wieder auf. Die Heilpraktikerin berichtete mir, daß ihre Freundin ihre Angst vor dem Sterben und dem Tode weitgehend (vielleicht sogar ganz?) verloren hatte und friedlich gehen durfte.

Das zweite Beispiel betrifft einen lieben älteren Herrn, der nach fünfzigjähriger Ehe seine Ehefrau verloren hatte, obwohl sie noch deutlich jünger war als er. Er hatte sich mit Fragen der Religion und des Jenseits bereits etwas beschäftigt, aber hatte noch keine eigenen Erfahrungen von inneren Erlebnissen oder geistigen Jenseitsdimensionen gemacht. Sein Leben schien ihm nun völlig sinnlos, er wollte an ein Weiterleben gern glauben, sah sich aber durch seinen wachen Verstand nicht in der Lage, das ohne jede persönliche Erfahrung einfach anzunehmen. Als Ursula und ich mit ihm die Lichtmeditation gemein-

sam machten – entsprechend der Anleitung unserer spirituellen Meister Darshan und Rajinder Singh –, erfuhr er Licht und Bilder, die ihm einen ersten Hinweis auf einen weiteren äußeren und inneren Weg gaben. Er erlebte zum ersten Male auch wieder inneren Frieden und äußere Entspannung.

Es gibt eine unglaubliche Anzahl solcher und noch viel «sensationellerer» Berichte, wie die Verankerung des Bewußtseins am Sitz der Seele bzw. dem dritten Auge, wie die Lichtmeditation, aber auch das Gebet zu Gott, zu Heiligen und Meistern und Mystikern Menschen helfen und geradezu erlösen.

Weitere Hinweise, wo man diese (kostenose) Lichtmeditation lernen und vertiefen kann, im Anhang unter dem Stichwort «Meditationstreffen».

Jede Seele muß der Morgensonne, der neuen süßen Erde und der Großen Stille ganz allein begegnen.

Ohiyesa, Santee Sioux

15.
Reise in die Ewigkeit

Stufen

Wie jede Blüte welkt und jede Jugend
Dem Alter weicht, blüht jede Lebensstufe
Zu ihrer Zeit und darf nicht ewig dauern.
Es muß das Herz bei jedem Lebensrufe
Bereit zum Abschied sein und Neubeginne,
Um sich in Tapferkeit und ohne Trauern
In andre, neue Bindungen zu geben.
Und jedem Anfang wohnt ein Zauber inne,
Der uns beschützt und der uns hilft zu leben.

Wir sollen heiter Raum um Raum durchschreiten,
An keinem wie an einer Heimat hängen,
Der Weltengeist will nicht fesseln uns und engen,
Er will uns Stuf' um Stufe heben, weiten.
Kaum sind wir heimisch einem Lebenskreise,
Und traulich eingewohnt, so droht Erschlaffen;
Nur wer bereit zu Aufbruch ist und Reise,
Mag lähmender Gewöhnung sich entraffen.

Es wird vielleicht auch noch die Todesstunde
Uns neuen Räumen jung entgegen senden,
Des Lebens Ruf an uns wird niemals enden…
Wohlan denn, Herz, nimm Abschied und gesunde!

Hermann Hesse

Mit leeren Händen bin ich in die Welt gekommen.
Barfüßig verlasse ich sie.
Mein Kommen und Gehen –
sind zwei einfache Ereignisse,
die sich ineinander verwickelt haben.

Kozan Ichigyo, Zenmönch

Nach dem Tod

Von Rabbi Mosche Löb von Sasow wird erzählt, daß er sich nach seinem Tode überlegte, wie er weiterhin Gottes Willen erfüllen könne, da es ihm ja nun nicht mehr möglich war, sich zu bemühen, die irdischen Gebote einzuhalten. Er dachte bei sich, daß es sicher Gottes Wille sei, daß er, Mosche Löb, für seine unzähligen Sünden die gerechte Strafe empfangen sollte. (Heilige sind so «einfältig» und demütig, daß sie sich selbst für die größten Sünder halten.)

Also sprang Mosche Löb mit aller Kraft geradewegs hinein in die Hölle, um seine Strafen zu empfangen. Das verursachte im Himmel jedoch die allergrößte Aufregung und Unruhe, und vom Himmel erging ein Erlaß an den Höllenfürsten: Solange der Rabbi Mosche Löb von Sasow sich dort aufhielte, müsse das Höllenfeuer ruhen.

Der Höllenfürst bat den Rabbi, sich doch umgehend ins Paradies zu begeben, weil die Hölle nicht der ihm angemessene Ort sei. Und es gehe auch nicht an, daß die Seelen in der Hölle nun seinetwegen, des Rabbis wegen, zu feiern begönnen.

Wenn sich das so verhält, antwortete Mosche Löb, dann rühre ich mich nicht von der Stelle, bis alle anderen Seelen hier mitgehen dürfen. Auf der Erde habe ich mich um die Freilassung Gefangener gekümmert, da werde ich doch nicht diese armen Seelen hier leiden lassen! Es heißt, daß Rabbi Mosche Löb seinen Wunsch durchgesetzt hat.

(Nach einer gleichnamigen Geschichte aus *Die Erzählungen der Chassidim* von Martin Buber)

Shamas Tabrez und Maulana Rumi

Shamas Tabrez, auch als Shams aus Täbris bekannt, ein Sufi-Heiliger und Dichter des frühen Mittelalters aus Persien, war der Lehrer und Meister des bei uns noch berühmteren Maulana Rumi, der auch Jalaluddin Rumi und anders genannt wird. Rumi lebte vor allem in der zentralanatolischen Stadt Konya, wo das Kloster der «tanzenden Derwische» gegründet wurde. Seine Gedenkstätte in der ganz mit leuchtend grünen Kacheln überzogenen Klostermoschee (die im Zuge der Säkularisierung nicht mehr als solche dient) zieht noch heute viele tausende Menschen an. In Konya gibt es unweit dieser Stätte auch einen Andachtsort, der Shamas Tabrez gewidmet ist. Beide Orte strahlen eine besondere Kraft aus.

Rumi war ein bekannter und sehr geachteter islamischer Gelehrter, ein «Mullah».

Eines Tages saß er vor der Moschee und studierte eine bedeutende alte Handschrift. Ein zerlumpter Wanderpilger kam hinzu und bat ihn um eine Auskunft. Rumi wehrte unwirsch ab, er habe jetzt Wichtigeres zu tun. Der Pilger fragte ihn erneut, und wieder wollte Rumi nichts von ihm wissen. Da wandte sich der Störenfried ab und stieß im Umdrehen mit seinem Wanderstock die Handschrift in den Wasserteich, der zum Außenbezirk einer jeden Moschee gehört.

Rumi sprang auf und herrschte den Pilger an: Du Unseliger, was hast du mit dieser kostbaren Abhandlung über Gottes Wort nur gemacht. Sieh, die heiligen Schriftzeichen lösen sich auf, alles ist verloren.

Der Pilger sah ihn lächelnd an, griff mit seiner Hand ins Wasser, holte die Handschrift wieder heraus, und – sie war völlig trocken, kein Tintenbuchstabe war mehr verlaufen. Er legte die Blätter sorgsam vor Rumi hin und meinte im Weggehen nur: Offenbar ist dir leider das vertrocknete Buchstabenwissen wichtiger als die lebendige Lebensweisheit. Damit wollte er verschwinden. Rumi erkannte, daß dies einer der seltenen Pir-o-Murshids, der Meister-Heiligen sein mußte, lief ihm hinterher und flehte ihn an, ihn als Schüler anzunehmen.

Daraus erwuchs eine innige Beziehung, in deren Verlauf Rumi selbst zum erleuchteten und vollendeten Mystiker wurde. Sein Lehrer Shamas unterwies ihn in der Kunst des Sterbens während des Lebens, in der Versenkung in die Gegenwart des schattenlosen himmlischen Lichts und der ewigen Sphärenmusik.

Shamas Tabrez über seinen Tod

Der Tod zerbricht den Käfig und läßt den Geist frei. Der Tod hat keine Macht über den Phönix, der stirbt, um sich zu erheben. Warum sollte ich nicht in meine wahre Heimat zurückfliegen?

Warum sollte ich säumen in der irdenen Form?

Am Tage meines Todes, wenn die Bahre langsam weggetragen wird, denkt keinen Augenblick, daß ich dem Leben in irgendeiner Weise nachtrauere. Wenn ihr meinen Sarg seht, sprecht kein Wort der Trennung aus, denn dann allein bin ich mit dem Herrn vereint. Wenn ich mein Gesicht von der Welt abwende, sehe ich mich der ewigen Wirklichkeit gegenüber.

Die eine gute Stunde

Das ist eine jener orientalischen Geschichten, die seit vielen Jahrhunderten im Umlauf sind und auf immer wieder etwas andere oder neue Weise erzählt oder auch weiter ausgeschmückt werden. Eine Urfassung scheint es nicht zu geben. Diese Version ist meine, die verschiedene Fassungen, die ich gehört habe, zusammenführt.

Eines Tages kam ein geiziger Geldverleiher in ein kleines Dorf, um dort seine Schulden bei den armseligen Bauern einzutreiben, die auf wenig Land spärliche Nahrung der kargen Erde für ihre Familie und sich abzutrotzen suchten. Weil mehrere Jahre hintereinander verheerende Unwetter ihre Ernte fast ganz vernichtet hatten, mußten sie sich tiefer als schon sonst beim Geldverleiher verschulden, um neue Saat kaufen zu können.

Nun kam er in ihr Dorf, um seine Wucherzinsen einzutreiben. Er schleppte seine Bücher mit sich, klopfte an fast jede Tür und trieb unbarmherzig die Gelder ein. Selbst dann, wenn die Familie keinen einzigen Pfennig mehr im Hause behielt, ließ er sich nicht erweichen, auf die nächste bessere Ernte zu warten.

Als die Sonne begann, sich rot zu verfärben, und sich der Tag dem Abend zuneigte, stellte er zufrieden fest, wie dick sein Geldsack inzwischen angeschwollen war. Das Eintreiben der Zinsen hatte jedoch länger gedauert, als er erwartet hatte. Manchesmal hatte er den Schuldnern sogar drohen müssen, ihnen Haus und Land wegnehmen zu lassen, wenn sie nicht bezahlten wollten oder konnten – das war ihm ganz gleich.

Nun wollte er sich die Bequemlichkeit gönnen, auf dem Rückweg in seinen Ort seine Bücher und Utensilien nicht selbst tragen zu müssen, zumal er den Weg in der bald anbrechenden Dunkelheit nicht leicht würde finden können.

Also fragte er die Umstehenden und bot eine Rupie an, wenn jemand seine Bücher tragen und ihn in seinen Heimatort begleiten würde. Doch die Dorfbewohner waren so erbost über die Hartherzigkeit, die er wieder einmal an den Tag gelegt hatte, das sich keiner zu diesem Dienst bereitfand – so sehr sie das Geld vielleicht sogar gebraucht hätten. Der Geldverleiher erhöhte sein Angebot auf, zwei, schließlich sogar auf drei Rupien, den Verdienst eines ganzen Tages mühevoller, schwerer Arbeit auf dem Felde. Doch sie sahen ihn nur verächtlich an oder wandten sich schweigend von ihm ab.

Schließlich kam ein alter, gebrechlich aussehender Mann auf den Geldverleiher zu, der sein Treiben im Dorf den ganzen Tag lang still beobachtet hatte. Er gehörte zu den wenigen Menschen in diesem Dorf, die nicht seine Schuldner waren.

«Ich bin bereit, deine Bücher zu tragen, und finde den Weg in deinen Heimatort auch in der Dunkelheit genau. Du mußt aber bereit sein, auf eine Bedingung einzugehen.»

«So, na gut, sicher willst du vier oder fünf statt drei Rupien haben», meinte der Geldverleiher mürrisch, und fuhr dann fort, «nun, gut, ich gebe dir fünf – mehr aber auf keinen Fall.»

«Nein, dein Geld will ich nicht. Sondern meine Bedingung ist, daß du während des Marsches zu deinem Haus von Gott erzählst.»

Das war ja ein seltsamer Mann, und er forderte noch nicht einmal etwas vom guten Geld, sondern wollte nur, daß von Gott gesprochen wird. Was für ein günstiges Angebot! So überlegte der Geldverleiher. Aber dann fiel ihm siedend heiß ein, daß er noch nie von Gott gehört hatte, geschweige denn selbst von ihm gesprochen. Nein, auf diese Bedingung konnte er leider nicht eingehen, weil er sie nicht zu erfüllen vermochte.

Der alte Mann machte ihm daraufhin einen zweiten Vorschlag:

«Wenn du schon nichts von Gott zu erzählen weißt, dann mußt du wenigstens bereit sein, mir den gesamten Weg über zuzuhören, wenn ich von Gott berichte.»

Nur allzu gern ging der inzwischen sehr müde gewordene Geldverleiher auf diese Bedingung ein. So mußte er nichts tun als nur zuzuhören. Der alte Mann nahm die Bücher behutsam auf seine Schultern, griff nach seinem langen festen Stock und marschierte rüstigen Schrittes mit dem Geldverleiher los.

Über eine Stunde lang erzählte er von Gott. Daß eine große Schöpferkraft die gesamte Welt und alle Lebewesen geschaffen habe. Daß jedes menschliche Leben die Krone der Schöpfung darstellte, weil eine Seele nur im menschlichen Körper zu Gott zurückfinden könne. Daß Gott mit dem Verstand zwar nicht zu begreifen sei, und auch nicht mit dem Gemüt zu erfühlen, daß er aber mit einem Funken seines Bewußtseins dennoch in jedem Menschen wohne. Daß der höchste Sinn des Lebens sei, den Ursprung des Lebens, Gott, zu finden.

Und noch vieles mehr erzählte der alte Mann, Dinge, mit denen der Geldverleiher nicht viel anzufangen wußte, die wie wolkige Träume oder Märchengeschichten aus ferner Zeit klangen.

Als sie unterdessen in schwarzer Nacht beim Haus des Geldverleihers wohlbehalten angekommen waren, legte der alte Mann die Bücher auf der Schwelle ab und richtete sich noch einmal an seinen Weggefährten. Der Geldverleiher dachte, nun werde der alte Mann wohl doch noch um einen geldwerten Dank bitten. Doch weit gefehlt. Statt dessen sagte der alte Mann zu ihm:

«Bruder, du wirst in drei Tagen sterben. Yama, der Todesengel, wird dich abholen und vor den Stuhl von Dharam Raj bringen, dem Richter der drei Welten. Dieser wird dich fragen: Möchtest du zuerst die Folgen deiner schlechten Taten erdulden oder zuerst die Früchte deiner guten Taten genießen. Erinnere dich dann daran, daß du ihm antwortest: Zuerst will ich die Früchte meiner guten Taten genießen. Sprich dann nichts sonst mehr, sondern warte still ab, was geschieht.»

Der Geldverleiher bemühte sich, einen Rest von teilnahmsvoller Höflichkeit zu bewahren, während er diese absurden Dinge innerlich völlig unbeteiligt anhörte. Er dankte dem alten Mann für seine Bemühungen und wünschte ihm einen guten Heimweg durch die Nacht. Als er in sein Haus eintrat, dachte er bei sich:

«Welch absonderlicher Unsinn. Dieser Mann muß wirklich schon sehr vom Alter verwirrt gewesen sein.» Dann zog er den Geldsack hervor, den er die ganze Zeit über bei sich getragen hatte, schüttete den Inhalt auf einem Tisch aus und begann zu zählen.

Drei Tage später wurde der Geldverleiher plötzlich schwer krank. Innerhalb weniger Stunden zwang ihn ein hohes Fieber auf seine Bettstatt. Keiner der Nachbarn kümmerte sich um ihn, weil er als geiziger Wucherverleiher keine Freunde besaß. Schließlich sah er, wie Yama, der Todesengel, in sein Zimmer hereintrat und ihn mit fester Hand, allen seinen Protesten zuwider, daß seine Zeit doch sicher noch nicht gekommen sei, unter Schmerzen aus seinem Erdenkörper holte und vor den Richterstuhl des Dharam Raj, des gerechten, aber auch unerbittlichen Richters von Gut und Böse brachte.

Der Richter enthüllte dem inneren Blick des Geldverleihers sein gesamtes Leben auf der Erde. Da war keine einzige gute Handlung, keine herzliche Anteilnahme am Schicksal der Mitmenschen, kein liebevoller Gedanke festzustellen. Als der Richter am Ende der Aufzeichnungen über die irdische Reise des Geldverleihers angekommen war, hielt er inne und sprach:

«Oh, hier ist doch noch eine gute Tat zu vermerken. Du hast über eine Stunde lang einem Heiligen zugehört, der über Gott gesprochen hat. Nun, möchtest du zuerst die Früchte deines Lebens bis dahin ernten oder die Folgen dieser einen guten Stunde?»

Der Geldverleiher erschrak über das, was ihn wohl als Ernte seines herzlosen Lebens erwarten würde und bebte vor Angst. Da erinnerte er sich an den alten Mann und an dessen absonderliche Ermahnungen, und gerade noch rechtzeitig fiel ihm ein zu antworten, daß er zunächst die Früchte seiner einzigen wirklich guten Stunde genießen wolle.

Yama geleitete ihn daraufhin an einen anderen Ort im Jenseits, der schon von weitem her hell und lieblich mit einem zauberhaften Lichtschein glänzte.

An der Schwelle zu diesem Lichtreich sagte Yama zum Geldverleiher:

«Diese eine Stunde bringt dir als Frucht, daß du zehn Stunden an diesem Ort des Lichtes weilen darfst. Danach werde ich dich wieder abholen, damit du dann die Folgen deines sonstigen Lebens erntest.»

Damit trat der Geldverleiher in den Lichtraum ein und sah, daß dort eine Vielzahl von Seelen im Halbkreis saß und voller Verzückung den Worten eines Lichtwesens lauschte, das Frieden und Liebe ausstrahlte. Er nahm den ihm zugewiesenen Platz ein und gewöhnte sich langsam an die völlig unerwartete wunderbare Atmosphäre. Als er begann, das Lichtwesen genauer anzuschauen, bemerkte er zu seinem Erstaunen, daß dort kein anderer als der alte Mann saß, der ihm seine Bücher getragen hatte – nun aber in großartiger Schönheit und Herrlichkeit.

Das Lichtwesen sprach vom Wahren und Guten, vom Schönen und Lichten, von den ewigen Werten und göttlichen Offenbarungen. Davon, daß die Schöpferkraft zu jeder Zeit Heilige in die Welt sendet, um suchenden Seelen einen Weg zur Erlösung zu weisen. Und daß diese Heiligen so weit gingen, den ihnen anvertrauten Seelen die Lasten ihrer Mängel und Fehler abzunehmen, zu verzeihen und für sie aufzulösen.

Die Vollmacht der Heiligen gehe sogar so weit – weil sie eins mit Gott selbst und Seinem Willen seien –, daß Seelen unter ihrem Schutz, gleich, wie groß ihre karmische Bürde sei, nicht vom Richter nach Recht und Gesetz, gerecht, aber unerbittlich, beurteilt würden, sondern voller Barmherzigkeit durch die Heiligen auf den rechten Weg gebracht würden.

Der Geldverleiher spürte, wie sich sein Herz immer weiter öffnete. Er erkannte die Sündhaftigkeit, mit der er das Los anderer Menschen mißachtet hatte. Er wurde von großer und tiefer Reue erfaßt, die ihm Tränen über Tränen über das Gesicht rinnen ließ. Und doch fühlte er zum ersten Mal, wie die Kraft der Liebe des Heiligen ihn erfüllte, befriedete und erhob.

Da sah er, wie Yama an den Rand des Lichtbezirks trat und ihm zuwinkte. Seine Zeit der zehn Stunden Lohn für die eine gute Stunde waren wie im Fluge abgelaufen.

Gerade wollte er schon aufstehen und der Aufforderung Yamas folgen, als er sich erinnerte, daß der alte Mann ihm geraten hatte, nichts von sich aus zu tun, sondern einfach abzuwarten und zu beobachten, was geschehen würde. Also blieb er sitzen und erhob sich nicht.

In diesem Augenblick wandte sich das Lichtwesen an Yama und sagte: «Bevor du den Geldverleiher mitnehmen kannst, mußt du ihn fragen, ob er zunächst den Lohn für die zehn guten Stunden haben möchte, die er jetzt hier verbracht hat.»

Yama wandte sich verwirrt ab. Er konnte nicht in den Lichtraum eintreten und den Geldverleiher mit Gewalt herauszerren. So ging er zurück zu Dharam Raj und berichtete ihm, was geschehen war. Dieser hörte sich alles an und sprach dann in ernstem Ton: «Die Seele des Geldverleihers ist für uns verloren. Weder du noch sogar ich können ihn in unsere Gerichtsbarkeit zurückholen. Die Worte eines wahren Heiligen und die Früchte seiner eigenen Meditationen über Gott, die er an andere als seine Gnadengaben verschenkt, sind so kraftvoll und gewaltig wie der Höchste Herr selbst. Wir können ihn nicht überwinden.»

Jeder Heilige hat eine Vergangenheit,
jeder Sünder hat eine Zukunft.

Die Tatsache, daß wir uns ins Flugzeug nach China setzen, bedeutet noch nicht, daß wir chinesisch können, wenn wir dort ankommen. Die Tatsache, daß wir sterben, heißt noch nicht, daß wir die Sprache des Jenseits beherrschen, wenn wir dort ankommen. Wir müssen sie wohl oder übel schon vorher lernen, um vor unliebsamen Überraschungen gefeit zu sein.

Jeder Mensch kann selig werden

Emanuel Swedenborg, der «Buddha des Nordens» und große christliche Seher des 18. Jahrhunderts, teilt aus seiner eigenen, unmittelbaren Schau in die Jenseitswelten und aufgrund seiner Öffnung für Botschaften aus der geistigen Welt eine Fülle von Informationen über Nachtoderfahrungen und Lebenssinn mit. Einige wenige Gedanken, die mir wesentlich erscheinen, möchte ich hier vorstellen.

«Jeder Mensch kann umgebildet werden: Es gibt keine Vorherbestimmung (im negativen Sinne).

Der Endzweck der Schöpfung ist ein Himmel aus dem Menschengeschlecht. Damit jeder Mensch ewig leben kann, wird ihm sein Sterbliches genommen und so sein Unsterbliches... enthüllt. Er wird dann ein Geist in menschlicher Gestalt...

Daher liegt es an der göttlichen Vorsehung, daß jeder Mensch selig werden kann und selig wird, der Gott anerkennt und gewissenhaft lebt.

Der Mensch ist selbst schuld, wenn er nicht selig wird. Der Herr sorgt dafür, daß es überall eine Religion gibt und in einer jeden die beiden wesentlichen Mittel zum Heil vorhanden sind, nämlich die Anerkennung Gottes und das Meiden des Bösen als etwas, das gegen Gott ist. Alles übrige, das mit Verstand und Denken zu tun hat und das man zum Glauben rechnet, wird für jeden Menschen seinem Leben gemäß vorgesehen. Es wird dafür gesorgt, daß alle, die gut gelebt und den Herrn anerkannt haben, nach dem Tode von Engeln unterrichtet werden... Jedem Menschen wird auch nach dem Tode die Gelegenheit gegeben, sein Leben nach Möglichkeit von Fehlern zu befreien. Der Herr unterrichtet und führt diese Menschen durch Engel. Wer aber in der Welt Gott geleugnet und das Böse nicht als Sünde gemieden hat, empfindet bald Überdruß an den Wahrheiten und zieht sich zurück, und wer den Herrn nur mit dem Munde und nicht mit dem Herzen anerkannte, gleicht den törichten Jungfrauen, die zwar Lampen hatten, aber kein Öl. Hieraus wird deutlich, daß die göttliche Vorsehung dafür sorgt, daß jeder erlöst werden kann.

Folglich sind alle zum Himmel und niemand zur Hölle vorherbestimmt.» (*Er sprach mit den Engeln*)

Der Mystiker Johannes Tauler sprach, wie viele andere Mystiker auch, von der «dunklen Nacht der Seele», die der «Morgenröte» und dem «Aufgang des Innenlichts» vorausgeht: *Wer in das grundlose Meer der Ewigkeit Gottes versenkt zu werden begehrt, der wird zuvor in das Meer der herben und bitteren Anfechtungen tief und oft eingetaucht.*

Diese dunkle Nacht der Seele kommt einem geistigen Sterben gleich, dem sogenannten Sterben vor dem Sterben. Es gibt verschiedene Grade des Sterbens im Leben. Der Verlust eines lieben Menschen durch den Tod ist zwar das naheliegendste Beispiel. Aber auch andere Verluste – eine Scheidung oder Trennung, der Verlust des Arbeitsplatzes oder von Haus oder Wohnung, der Verlust der Heimat, wie ihn die Millionen Flüchtlinge in der Welt erleben, der Verlust der Gesundheit in einem Maße, daß die bisher gewohnte Beweglichkeit und Leistungsfähigkeit eingeschränkt wird oder ganz verloren geht... das gesamte Leben scheint, aus dieser Perspektive betrachtet, eine Geschichte der kleinen Tode zu sein.

Der Verlust an Idealen, das Zerstieben von Träumen oder Hoffnungen, Betrug, das Hartwerden des Herzens infolge von Enttäuschungen (Ent-Täuschungen!) – auch das sind kleine Tode. Eine Form des ekstatischen «Todes», in dem Höhepunkt, Vollendung und Erfüllung erfahren werden mögen, stellt eine gelungene Sexualität dar. Über Eros und Tod ist seit den Zeiten der klassischen griechischen Sagen und Mythen viel gesagt und wohl auch spekuliert worden.

Eine der verbreiteten Ansichten dazu ist, daß der Moment eines tiefgreifenden Orgasmus' alles Persönliche im Sinne der physischen, emotionalen und mentalen Differenzierung und Vereinzelung oder Getrenntheit auflöst. In diesem Sinne wäre der Orgasmus wie das Aufgehen des Tropfens im Meer oder des Zuckers im Wasser: eine totale Hingabe und umfassende Entgrenzung, sogar «Entwerdung». Vielleicht bietet dieser Aspekt ein anschauliches, wenn auch diesseitiges Bild zu der von Mystikern oftmals geäußerten Ansicht, daß der (bewußte!) Tod die willkommene Vollendung eines spirituell geführten irdischen Lebens sei, das in einer Ekstase aufgeht, die im Gegensatz zum sexuell-erotischen Orgasmus nie endet. Nicht umsonst spricht übrigens auch die christliche Glaubenssprache von Christus als dem Bräutigam der Seele voller Liebessehnsucht und von der «unio mystica», der mystischen Vereinigung, von der «Hochzeit im Himmel» und dergleichen mehr.

In einer Art der Verzückung sagt Tauler:

Der Mensch könnte an einem Tage tausend Tode sterben, aber dieser Tod ist keiner, dem nicht sogleich ein wonnigliches Leben antwortete. Dies muß notwendig so sein: Gott kann dem Tode das nicht weigern. Je stärker, kräftiger und gründlicher der Tod ist, desto stärker, kräftiger und gründlicher wird auch das Leben, das dem Tode folgt…

Dieser Tod, mag er einen noch so kleinen mit Ernst sterben, so antwortet ihm ein solches Leben, das ihn stärkt, sogleich einen größeren Tod zu sterben, so lang und so oft, daß es ihm nachher viel wonniglicher und fröhlicher ist zu sterben als zu leben; denn er findet das Leben in dem Tode und das Licht in der Finsternis. (K.O. Schmidt, *In dir ist das Licht*)

Hast du dich entblößt aller Geschaffenheit,
dann wird dir eingeflößt Gottes Unendlichkeit.

Johannes Tauler

Der Tod des Derwischs

Fariduddin Attar, ein bedeutender mystischer Dichter Persiens, verdiente seinen Lebensunterhalt als Apotheker, bevor er sich ganz der Suche nach Gott zuwandte. Seine Wandlung erfolgte von einem Tag auf den anderen.

Eines Tages, als er ganz mit seinen Patienten beschäftigt war, kam ein Derwisch (ein herumwandernder islamischer Mystiker) des Weges und bat um ein Almosen. Attar schenkte ihm keine Aufmerksamkeit und gab vor, ihn nicht zu bemerken. Obwohl der Derwisch seine Bitte wiederholt und inständig vortrug, verschloß sich Attar und wollte nichts davon hören. Schließlich rief der Derwisch voller Erstaunen und mit großer Lautstärke aus:

«Ich wundere mich über dich, Attar. Du widmest dich ganz deinem Geschäft, aber scheinst nicht zu wissen, was deine wahre Aufgabe ist. Ich frage mich, Attar, wie du wohl sterben wirst?»

«Ganz genauso wie du, mein Freund», gab Attar ungeduldig zurück.

«Meinst du das wirklich, Attar? Hast du das aus deinem Herzen gesprochen?»

«Ja», antworte Attar.

Daraufhin legte sich der Derwisch auf dem Boden vor Attars Laden hin, streckte sich lang aus und rief mit lauter Stimme aus: «Gott sei gelobt.» Und damit verschied er.

Attar erfaßte blitzartig die Herausforderung des Derwischs. Was war denn sein wahres «Geschäft»? In seinem Laden herumzutun oder die einzig wertvolle Beschäftigung des menschlichen Lebens in dieser Welt aufzunehmen, sich der Suche nach Gott zu widmen?

Attar schloß seine Apotheke, legte das härene Gewand der Pilger an und begab sich auf seine spirituelle Reise, die am Ende zur vollen Erleuchtung führen sollte.

Ich starb als Stein und wurde Pflanze,
ich starb als Pflanze und erhob mich zum Tier,
ich starb als Tier und war ein Mensch.
Was sollte ich fürchten?
Wann war ich weniger durch den Tod?

Maulana Rumi

Rider Waite Tarot, Karte Nr. 21, «Die Welt».

16.
Leben – aus der Fülle des bewußten Seins!

Was nützte es dem Menschen,
wenn er die ganze Welt gewönne,
aber nähme doch Schaden an seiner Seele?

Einige Menschen glauben, es sei sehr schwer, so zu leben, daß man in den Himmel kommt, also, wie man sagt, ein geistliches Leben zu führen. Das glauben sie deshalb, weil sie gehört haben, der Mensch müsse der Welt entsagen und sich dem Verlangen des Körpers und des Fleisches widersetzen, um sich geistig zu entwickeln. Unter einem solchen Leben stellen sie sich aber nur vor, daß man die weltlichen Dinge, besonders Reichtum und Ansehen, ablehnen müsse, um sich dafür beständig frommen Betrachtungen über Gott, das Seelenheil und das ewige Leben hinzugeben und sein Leben im Gebet, der Lektüre des Wortes und frommer Bücher zu verbringen. Aufgrund vieler Erfahrungen und aus Gesprächen mit Engeln durfte ich jedoch wissen, daß sich die Sache ganz anders verhält, ja daß alle, die so der Welt entsagen und in der genannten Weise ein «geistliches Leben» führen, sich ein trauriges Los verschaffen, das ganz und gar nicht für die himmlische Freude empfänglich ist, da ja einen jeden sein Leben erwartet.

Nicht ein von der Welt zurückgezogenes Leben, sondern ein Leben mitten in der Welt führt also zum Himmel. Ebenso führt ein Leben der Frömmigkeit ohne ein Leben der Nächstenliebe nicht in den Himmel, sondern nur das Leben der Nächstenliebe. Dieses besteht aber darin, in jedem Beruf, in jedem Geschäft und bei jedem Werk aufrichtig und gerecht zu handeln, und zwar von innen heraus, das heißt aus himmlischem Ursprung. (*Er sprach mit den Engeln*)

Aus der Zeit des Meister Eckhart stammt die folgende Geschichte, die anschaulich machen soll, welche Art der Geisteshaltung ein Leben aus der Fülle gebiert. Sie findet sich in mehreren Überlieferungen, wobei zum Beispiel der Gelehrte statt des Bettlers einem Kind begegnet, nämlich dem Jesuskind selbst. Manchmal wird sie einer tatsächlichen eigenen Begegnung von Meister Eckhart mit einem Meister seiner Zeit zugeschrieben, die ihm (Eckhart) auf diese Weise zu einem Durchbruchserlebnis verhalf – über das *Be*kenntnis zur *Er*kenntnis.

Der Gelehrte und der Bettler

Ein Gelehrter betete jahrelang darum, es möchte ihm jemand gesandt werden, der ihm den Weg zum inneren Licht weise. Eines Tages, als er sich besonders innig nach einem solchen Führer sehnt, trägt ihm die innere Stimme auf, sogleich vor die Kirche hinauszugehen; dort werde er einem

Erleuchteten begegnen, der ihm den Weg zur Seligkeit zeigen werde.

Er ging hinaus und fand draußen einen Bettler in abgetragenen Kleidern, den er freundlich mit den Worten begrüßte: «Gott schenke dir einen guten Tag.»

Der Bettler antwortete: «Ich hatte nie einen schlechten.»

«Dann möge der Himmel dich segnen.»

«Das hat er immer getan.»

Der Gelehrte bat den Bettler erstaunt um ein Erläuterung seiner Worte.

«Du wünschtest mir etwas, was ich jeden Tag besitze. Ich kenne nur gute Tage. Ob es regnet oder schneit, hagelt oder schönes Wetter herrscht, ich preise Gott dafür – und so ist es ein guter Tag.

Du batest den Himmel, mich zu segnen. Nun, es hat mir nie am Segen gefehlt, denn ich habe mich immer in den Willen Gottes gefügt. Mein einziger Wunsch ist, Seinen Willen zu tun, und indem ich das tue, bin ich schon gesegnet. Was Gott mir schickt, ist das Beste für mich. Ich lebe immer in der Gegenwart Gottes.»

«Und wie hast du diese Vollkommenheit erreicht?»

«Ich habe meine Sinne zur Ruhe gebracht und mein ganzes Wesen nach dem Himmel ausgerichtet. Ich bin mit Gott eins geworden und habe mit Ihm ewigen Frieden und ewige Freude.»

Das Lied «Du»

Wo ich gehe – du!
Wo ich stehe – du!
Nur du, wieder du, immer du!
Du, du, du!
Ergeht's mir gut – du!
Wenn's mir weh tut – du!
Nur du, wieder du, immer du!
Du, du, du!
Himmel – du, Erde – du,
Oben – du, unten – du,
Wohin ich mich wende, an jedem Ende
Nur du, wieder du, immer du!
Du, du, du!

(Rabbi Levi Jizchak von Berditschew, aus: *Die Erzählungen der Chassidim* von Martin Buber)

Ich habe die Absicht zu leben

Jemand kam mit einer Frage zu einem Sufi. Er sagte: Seit vielen, vielen Jahren sinne ich darüber nach und lese verschiedene Bücher, und doch war ich nicht imstande, eine sichere Antwort zu finden. Sag mir, was geschieht nach dem Tode? Der Sufi erwiderte: Frage dies bitte jemanden, der sterben wird. Ich habe die Absicht zu leben.

(Hazrat Inayat Khan, *Wanderer auf dem Pfad* – Texte zum Nachdenken)

Der indische Weise Shankara verkündete die uralte Wahrheit:

Alles, was vergeht, ist durch Umwandlung entstanden und entwird auch wieder, indem es sein Ende und seine Vollendung findet im Geist. Der Geist aber ist keiner Veränderung unterworfen, er ist unvergänglich. Er ist das All-Erhabene und Ewige, seiner Natur nach rein, frei und erlöst.

Dieselbe Verheißung finden wir in der Bibel:

Seid vollkommen, wie euer Vater im Himmel vollkommen ist. Und: *Ihr aber, liebe Brüder, seid zur Freiheit berufen.*

Jakob Boehme, einer der wenigen erklärten Mystiker des protestantisch-christlichen Kirchenzweiges, bestätigt dies:

Jeder Mensch ist frei und ist wie sein eigener Gott: Er kann sich in diesem Leben in Licht oder in Finsternis verwandeln. Was für ein (Gemüts-)Kleid anzieht, das verrät oder verklärt ihn.

Meister Eckhart hatte lange vor Boehme ähnliche Gedanken ausgesprochen (die dann als Irrlehre verurteilt wurden):

Alles, was Gott Vater seinem eingeborenen Sohn in der menschlichen Natur gegeben hat, das hat er völlig auch mir gegeben. Hiervon nehme ich nichts aus, weder die Einung noch die Heiligkeit; sondern er hat mir alles ebenso gegeben wie ihm.

Sat-Chit-Ananda, die Seinswahrheit-Bewußtseins-Seligkeit, das Christusbewußtsein ist unsere Natur, unsere Geburtsgabe. Wir sind dem Wesen nach freier, lichtvoller Geist, dessen Kraft Liebe und Einssein ist. Aufgrund unserer Identifizierung mit den Sinneseindrücken haben wir uns jedoch dermaßen mit der Welt der zeitlich bedingten Erscheinungsformen verbunden, daß wir uns nur noch für die sterbliche Hülle halten, aber nicht mehr für den lebendigen Geist, der diese Hülle bewegt. Wie kommen wir aus diesem Dilemma heraus? Wie können wir ein Leben aus der Fülle führen?

Glaube ist Erfahrung des Herzens,
Bekundung mit der Zunge,
Handlung mit den Gliedmaßen.

Hadrat Ali

Natürlich bleiben viele Antworten offen. Wie könnte ein Mensch oder ein Buch alles oder auch nur alles Wichtige zum Thema Sterben, Tod und wahres Leben wissen und schildern? Dieses Buch hat seinen Zweck erfüllt, wenn es für Sie wesentliche Fragestellungen neu bewußt gemacht hat. Sie können und werden Ihre eigenen Antworten finden, wenn Sie danach suchen, darum bitten, sich nach innen wenden.

Bittet, so wird euch gegeben;
Suchet, so werdet ihr finden;
Klopfet an, so wird euch aufgetan.

(Mt 7,7)

Es ist ja wirklich sehr merkwürdig, daß bereits die geistige Hinwendung etwas bewirken kann. Allein die Tatsache, daß in unserer Seele eine Sehnsucht nach Wahrheit und Weisheit, nach Licht und Ewigkeit aufkommt, kann zum Wendepunkt für das ganze Leben werden.

Wo unser Herz ist, dort ist unser Leben. Wohin sich unsere Aufmerksamkeit richtet, dorthin beginnt Lebenskraft zu fließen. Wenn wir unser Sinnen und Trachten, unser Hoffen und Suchen auf eine höhere geistige Ebene richten – wohin wird uns das dann anders führen als nach oben?

Eigenes Bemühen und Gnade gehen
Hand in Hand.
Man kann nicht sagen, was zuerst kommt.
Also muß man sich selbst solange bemühen,
bis man die Gnade spürt.

Licht in der Stille – geheimnisvoll und grenzenlos... In uns allen strahlt eine nie versiegende Quelle von Licht. Dieses Licht scheint nicht nur in den Stunden der Freude und des Glücks, sondern noch viel stärker in der Finsternis unseres Leids, in der Not unseres Mensch-Seins, in Angst und Tod.

Dieses Licht schenkt uns Frieden und Seligkeit, nie versiegende Liebe und immerwährende Bewußtheit. Das Geheimnis dieses grenzenlosen Lichtes wartet nur darauf, von Ihnen entdeckt zu werden und Ihre Seele mit sich wie einen Sonnenstrahl zu erheben, der zu seinem Ursprung, zur Sonne, zurückfliegt.

Dazu wünsche ich Ihnen von ganzem Herzen Mut und Kraft, Stillehalten und Gnade. Sie tragen in sich die Quelle von Freude und Liebe, Sie können diese Quelle in diesem Leben entdecken. Es ist Ihr Geburtsrecht, es ist Ihre Bestimmung, es ist der Segen der Schöpferkraft, daß Sie das erfahren können!

Was bedeutet es schon,
daß ich ein Mensch genannt werde?
In Wahrheit bin ich die Seele der Liebe;
Die ganze Erde ist mein Haus
Und das Universum meine Heimat.

Darshan Singh

Grabskulptur einer Frühverstorbenen auf dem alten Friedhof in Freiburg i.Br., 19. Jahrhundert.

Anhang

Bücher

Alle Bücher dieser Welt
Bringen dir kein Glück,
Doch sie weisen dich geheim
In dich selbst zurück.

Dort ist alles, was du brauchst,
Sonne, Stern und Mond,
Denn das Licht, danach du frugst,
In dir selber wohnt.

Weisheit, die du lang gesucht
In den Büchereien,
Leuchtet jetzt aus jedem Blatt –
Denn nun ist sie dein.

Hermann Hesse

Literaturhinweise

- *Das Mysterium des Todes*, Kirpal Singh, Origo Verlag, Bern (nur die Ausgabe in diesem Verlag ist authentisch) o.J.
- *Spirituelles Erwachen*, Darshan Singh, Paperback – Restbestände bei SK Publikationen, Hof; demnächst als Taschenbuch im Knaur Verlag 1985.
- *Das Geheimnis der Geheimnisse*, Darshan Singh, SK Publikationen, Hof 1993.
- *Kraft der Seele*, Rajinder Singh, Urania Verlag, CH-Neuhausen 1997.
- *Das Wunder der Seele*, Meister Eckehart, Reclam Verlag, Stuttgart o.J.
- *In dir ist das Licht*, K.O. Schmidt, Drei Eichen Verlag, Hammelburg 1993.
- *Der cherubinische Wandersmann*, Angelus Silesius, Reclam Verlag, Stuttgart o.J.
- *Er sprach mit den Engeln*, Hrsg. Friedemann Horn, Swedenborg Verlag, Zürich 1993.
- *Den Himmel auf die Erde bringen* – Die Weisheiten des Rabbi, Tzvi Freeman, Integral Verlag, Bern-München o.J.
- *Das große Ja*, K.O. Schmidt, Verlag Helmut Theodor Frick Pforzheim 1981.
- *Emotionale Befreiung durch Rückführung*, Dr. Jan-Erik Sigdell, Scherz Verlag, München/Bern o.J.
- *Hör mir mal zu*, Ursula Maria von Rohr, Fischer Media Verlag, CH-Münsingen/Bern 1996.

- *Es steht geschrieben*: Ist unser Leben Schicksal oder Zufall, W. v. Rohr, Ariston Verlag, Kreuzlingen/ München 1994.
- *Karma und Reinkarnation*, W. v. Rohr, Econ Verlag, Düsseldorf 1996.
- *Die Zukunftsdenker* – Aktiv die Zukunft gestalten, W. v. Rohr, Metropolitan Verlag, Düsseldorf 1997.
- *Was lehrte Jesus wirklich*? W. v. Rohr, Goldmann Verlag München 1995.
- *Das Buch der Meister*, W. v. Rohr, Knaur Verlag, München 1997.
- *Die Kraft der Engel*, W. v. Rohr, Urania Verlag, CH-Neuhausen 1996.

Seele, sei bereit...

Seele, Seele, sei bereit!
Ferne Brüder rufen
Aus der Finsternis der Zeit
Dich zu goldnen Stufen.

Seele, nimm das Zeichen an,
Bade dich im Weiten!
Gott wird deine dunkle Bahn
Noch zum Lichte leiten.

Hermann Hesse, Auf einem nächtlichen Marsch

Vorträge und Seminare

Zu diesem Buch und zu verwandten geistigen Themen hält der Autor Vorträge und Seminare und leitet Bewußtseinswochen, auch im *Zia Darshan*- Meditations- und Seminarzentrum in Santa Fe und gelegentlich in der *Invervar Lodge* in Glen Lyon, Schottland. Nähere Informationen bei:
SPA Spirituelle Privat-Akademie, c/o W.v.Rohr,
2 Golden Ridge, Santa Fe, NM 87505, USA;
Tel. (001) (505) 988-3677, Fax 986-0235;
e-mail: wulfing@worldnet.attnet.

Der Abend

Schweigt der Menschen laute Lust:
Rauscht die Erde wie in Träumen
Wunderbar mit allen Bäumen,
Was dem Herzen kaum bewußt,
Alte Zeiten, linde Trauer,
Und es schweifen leise Schauer
Wetterleuchtend durch die Brust.

Joseph Freiherr von Eichendorff

Geführte Meditationsanleitungen auf CD/Kassette:

Es gibt eine Begleit-CD/Kassette zu diesem Buch. Darauf sind sechs Meditationen enthalten. Spieldauer etwa 60 Minuten.

1: Wer bin ich?
2: Wo bin ich?
3: Von Problemen zu Visionen
4: Wer stirbt, wer lebt?
5: Gibt es eine höhere Kraft?
6: Licht-Meditation am dritten Auge

Die Musik stammt aus dem Musikstudio C. Deuter, Santa Fe. Die Anleitungen werden von Wulfing und Ursula von Rohr sowie von C. Deuter gesprochen.

Weitere Empfehlungen zu Musikmeditationen:

- *Tao Te King* von C. Deuter, erschienen im Bauer Musikverlag, Freiburg.
- *Land of Enchantment* von C. Deuter, erschienen bei Celestial Harmonies/Kuckuck.

Alle Musikproduktionen sind im Buchhandel und im Musikfachhandel erhältlich bzw. einfach zu bestellen, falls gerade nicht mehr am Lager, zum Beispiel über den Aquarius Musik Vertrieb.

Meditationstreffen

Informationen über Meditation mit dem inneren Licht und Ton und Initiation bzw. Einweihung in die Mysterien des Jenseits und die Verbindung mit der Seelenkraft am dritten Auge über *«Wissenschaft der Spiritualität»* bei:

D: Wissenschaft der Spiritualität e.V.,
Helga Kammerl, Jägerberg 21, D-82335 Berg;
Tel. (08151) 50449, Fax 953344

A: Herbert Wasenegger, Mautner Markhofgasse 13-15/5/3, A-1110 Wien

CH: Angela Seiler, Tödistr. 20, CH-8002 Zürich;
Tel. (01) 2022372, Fax 2022302

USA: Science of Spirituality Center,
4 S 175 Naperville Rd, Naperville, Il. 60563;
Tel. (630) 9551200, Fax 9551205

Indien: Kirpal Ashram, Sant Kirpal Singh Marg,
Vijay Nagar, Delhi 110009; Tel. (011) 7222244

Stirb und Werde

Lange habe ich mich gesträubt,
Endlich gab ich nach,
Wenn der alte Mensch zerstäubt,
Wird der neue wach.

Und so lang du das nicht hast,
Dieses Stirb und Werde,
Bist du nur ein trüber Gast
Auf der dunklen Erde.

Johann Wolfgang von Goethe, Selige Sehnsucht

Der Autor

Der Autor gilt als einer der besten Kenner der Themen Mystik, Meditation und Esoterik. Er setzt sich seit über zwanzig Jahren intensiv mit fundamentalen Fragen des Lebens und mit Antworten der Religionen, Kulturen und spirituellen Wegen darauf auseinander. Er ist Sachbuchautor, Fernsehjournalist, Lebens- und Firmenberater, Astrologe, Yogalehrer, Meditationsschüler und Leiter der «Spirituellen Privat-Akademie» Santa Fe.